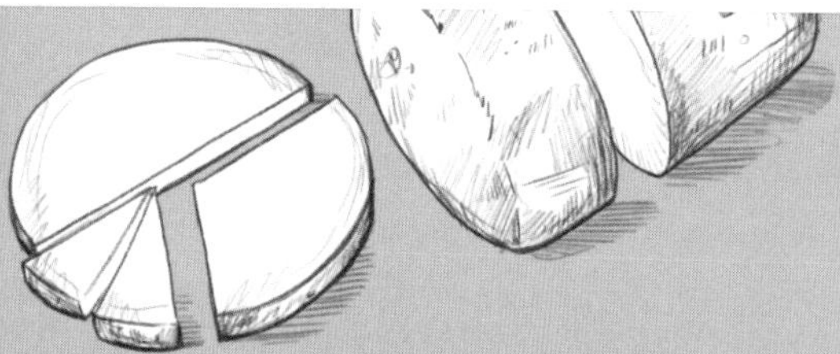

AU GRÉ DES CHAMPS

UNE HISTOIRE DE FAMILLE, D'AGRICULTURE
ET DE CUISINE

© les éditions du passage
1115, avenue Laurier Ouest
Outremont (Québec) H2V 2L3
Tél.: 514 273 1687
Téléc.: 514 908 1354

Conception graphique:
Emanuel Cohen (26 Lettres)
Catherine Plouffe

Direction artistique:
Virginie Gosselin

Stylisme culinaire:
Johanne Depelteau

Accessoiriste:
Noémie Demers

Conseils et aide à l'écriture des textes:
Annie Monette

Photographies des pages 12 et 229:
Lucas Bayzelon

Nous remercions de son soutien financier le Gouvernement du Québec –
Programme de crédit d'impôt pour l'édition de livres – Gestion SODEC.

Nous remercions le Conseil des arts du Canada de son soutien.
L'an dernier, le Conseil a investi 153 millions de dollars pour mettre
de l'art dans la vie des Canadiennes et des Canadiens de tout le pays.
We acknowledge the support of the Canada Council for the Arts,
which last year invested $153 million to bring the arts to Canadians
throughout the country.

Nous reconnaissons l'aide financière du Gouvernement du Canada
par l'entremise du Fonds du livre du Canada (FLC) pour nos activités d'édition.
We acknowledge the financial support of the Government of Canada
through the Canada Book Fund for our publishing activities.

Catalogage avant publication de Bibliothèque et Archives
nationales du Québec et Bibliothèque et Archives Canada

Gosselin, Marie-Pier

Au gré des champs: une histoire de famille, d'agriculture et de cuisine

ISBN 978-2-924397-16-9

1. Au Gré des Champs (Firme) - Histoire. 2. Fromageries - Québec (Province) -
Saint-Jean-sur-Richelieu - Histoire. 3. Cuisine (Fromage). 4. Livres de cuisine.
I. Gosselin, Virginie. II. Depelteau, Johanne. III. Juneau, Martin (Cuisinier).
IV. Titre.

HD9280.C34A93 2015 338.7'63730971438 C2015-941744-9

Dépôt légal:
Bibliothèque nationale du Québec
Bibliothèque nationale du Canada
4e trimestre 2015

UN LIVRE DE

Marie-Pier et Virginie Gosselin

AU GRÉ DES CHAMPS

UNE HISTOIRE DE FAMILLE, D'AGRICULTURE ET DE CUISINE

AVEC LA COLLABORATION DE

Johanne Depelteau

ET DES CHEFS

Martin Juneau, Jonathan Lanciault, Audrey Dufresne, Alexandre Auclair, Shane Sluchinski, Marc-Alexandre Mercier, Jason Nelsons, Daniel Lacroix, Guillaume Cantin et Normand Laprise

SOMMAIRE

Nous faisons partie de la nature autant que la nature fait partie de nous : l'alimentation nous lie à la terre et à des millions de personnes qui cultivent, récoltent, transforment et emballent notre nourriture. Comme les outardes dans une volée se relayant en position de tête, chacun d'entre nous a un rôle à jouer aujourd'hui, tandis que de plus en plus de gens ont le courage de bousculer leur confort, de sortir de leur indifférence et de faire les choses autrement afin de contribuer à un monde plus juste et plus écologique.

Laure Waridel

À nos grands-parents et à nos parents Suzanne et Daniel, pour avoir ouvert un chemin que nous empruntons à notre tour. Nous continuons de faire les choses autrement, un peu comme vous, beaucoup à notre manière, grâce à vous. Merci.

Marie-Pier et Virginie Gosselin

AVANT-PROPOS

Ce livre se veut un hymne au travail des artisans de la terre, à la patience et au savoir-faire des créateurs du terroir québécois. Suivant le quotidien de Daniel et Suzanne, propriétaires de la fromagerie *Au Gré des Champs*, il amène le lecteur à découvrir la réalité de cette petite ferme familiale de 30 vaches établie à Saint-Jean-sur-Richelieu, en plein cœur d'une Montérégie de monoculture.

Gardiens d'un patrimoine agricole précaire et d'un paysage rural en voie de disparition, Daniel et Suzanne sont des passionnés qui ont bâti il y a 15 ans une fabrique de fromages fermiers, au lait cru. Visionnaires et pragmatiques, ils pratiquent une paysannerie réfléchie et durable, et produisent sept fromages fins certifiés biologiques. Ces deux audacieux non-conformistes, ce sont nos parents, à Virginie et moi. Ma sœur, qui est une grande amoureuse de la gastronomie de chez nous, s'est installée à Montréal où elle travaille comme photographe. Bachelière en agronomie, je participe aux travaux de la ferme dont je souhaite prendre la relève afin de perpétuer notre héritage familial. Ensemble, Virginie et moi avons voulu réaliser cet ouvrage pour montrer la beauté, mais aussi la dureté, l'humilité, la complexité et surtout la nécessité du travail de nos parents.

Pour compléter ce projet, nous nous sommes associées à neuf chefs québécois. Dévoués, un peu fous et passionnés, ces chefs exerçant à Montréal et en Montérégie nous ressemblent : ils partagent notre amour pour l'agriculture québécoise et les produits qui ont du goût. Et leur cuisine de grande qualité rend justice au travail des artisans et des producteurs. Aussi, nous sommes très reconnaissantes et honorées qu'ils aient accepté de présenter dans cet ouvrage leurs recettes qui mettent fabuleusement en valeur nos fromages.

Marie-Pier Gosselin

PARTIE

1

LES ARTISANS ET LA FERME

Texte de Marie-Pier Gosselin
Photographies de Virginie Gosselin

[.1]

UNE HISTOIRE DE FAMILLE

NOS ANCÊTRES

La *Ferme des Belles Prairies* en 1952.

L'histoire des terres de la *Ferme des Belles Prairies* remonte au XIXe siècle. Éléonore Larivière et son mari, Julien Boucher, exploitent alors, dans la seigneurie de Monnoir, une ferme de subsistance. Ils y élèvent des poules, deux ou trois vaches, des porcs : de quoi nourrir leurs neuf enfants. Leur fille Angelina épouse Arsène Boulais. Ensemble, ils reprennent la parcelle en 1900 et la cultivent pendant 43 ans. Puis Napoléon Savoie entre en possession du lopin de 30 hectares, et le revend peu de temps après à Wilfrid Gosselin. La terre entre alors dans notre famille.

C'est en 1943 que Wilfrid, son épouse Irène Théberge et leurs trois enfants emménagent sur le lopin du rang Saint-Édouard à Saint-Athanase-d'Iberville. Dans les années suivant l'acquisition, ils orientent vers la production laitière la petite entreprise agricole qui prend rapidement de l'ampleur et compte une dizaine de vaches. En 1950, leur aîné, Conrad, épouse Armande Gamache, fille de cultivateurs du chemin de la Grande-Ligne à Iberville. Cette même année, Conrad reprend l'exploitation et s'y établit avec Armande. Quatre enfants naissent de leur union : Robert, Diane, André et Daniel, mon père. Conrad souhaite moderniser sa production. Il construit, avec l'aide de son père et de fermiers voisins, l'étable qui abrite, encore aujourd'hui, nos vaches. Il installe des drains dans les champs et achète de l'équipement qui lui permet de gagner en efficacité. Daniel se souvient : « Mon père a été le premier du rang à acheter une presse à foin avec lance-balle. Nous n'avions plus à mettre les bottes une par une dans la voiture. » En plus de son travail sur la ferme, Conrad s'implique dans sa communauté. Il est, entre autres, échevin de Saint-Athanase de 1961 jusqu'à son décès en 1988. D'ailleurs, l'une des rues qui relient le chemin des Patriotes au rang Saint-Édouard est nommée en son honneur. Armande a continué, quant à elle, de venir donner un coup de main à l'étable chaque matin jusqu'à ses 80 ans.

VERS UNE FROMAGERIE ARTISANALE

À la fin des années 1980, Daniel, qui travaille déjà avec son père depuis plusieurs années, prend officiellement la relève. La petite exploitation compte désormais 65 hectares cultivables et 25 vaches laitières Holstein. Daniel incorpore l'entreprise en 1989 et crée la *Ferme des Belles Prairies*. Ces années marquent de profonds changements dans l'agriculture québécoise et un tournant pour notre ferme. Les producteurs agricoles du Québec se modernisent, agrandissent leurs domaines et intensifient leurs pratiques. La vocation laitière ne suffisant plus à assurer la rentabilité de leur entreprise, mes parents se questionnent sur son avenir. Afin de préserver la nature de leur élevage et de sauvegarder le patrimoine familial, ils décident de valoriser leur lait. Au fil des rencontres, des recherches et des réflexions, le projet de fromagerie s'impose à eux. Ma mère, alors informaticienne, se consacre à temps plein au développement de la fromagerie *Au Gré des Champs*. Elle raconte : « À partir de ce moment, nous avons cessé d'être des producteurs de lait pour devenir des producteurs de fromage. Tout a été repensé pour assurer la qualité de nos futurs fromages. Nous avons changé de race de vaches, modifié leur alimentation et entrepris la conversion biologique de la ferme. La qualité du lait est devenue notre première préoccupation. » Le 15 avril 2000, ma mère fabrique les premières meules de la fromagerie artisanale, du D'Iberville. Désormais, nous transformons en fromages fins la totalité du lait produit par nos 30 vaches.

Aujourd'hui, mes parents préparent la succession de leur entreprise. Ils transmettent peu à peu leur savoir à la génération future pour garder en vie ce patrimoine agricole vieux de 150 ans.

Marie-Pier et Daniel devant l'étable construite par Conrad.

LA RELÈVE

Assurer la continuité d'une entreprise agricole constitue un défi complexe dans le contexte actuel. Beaucoup de jeunes sont découragés par la perspective du fardeau financier que représentent l'achat et la gestion d'une ferme. Il disparaît d'ailleurs une ferme par jour au Québec. Ce triste constat contribue à marginaliser le métier d'agriculteur et à isoler la relève sur le plan social. Pourtant, plus qu'un simple travail, ce mode de vie est à la fois édifiant et plein d'humilité ; le paysan est toujours soumis à des lois qui le dépassent, celles de la nature. Je pense qu'il y a une certaine noblesse à élever des animaux, à nourrir les gens. Si le métier de producteur agricole est essentiel, il bénéficie de très peu de reconnaissance. La population a une image rétrograde du fermier qui ne correspond plus à la réalité actuelle. Pour diriger une entreprise agricole, il faut être éduqué, créatif et visionnaire. Au-delà du manque de valorisation, il y a la lourde charge du travail. Ma génération envisage difficilement de travailler 80 heures par semaine comme l'ont fait nos parents et grands-parents, qui y ont souvent sacrifié leur vie sociale et parfois leur santé. Heureusement, mes parents ont bâti une entreprise résiliente qui évolue et s'adapte au fil du temps. Ils démontrent une grande ouverture d'esprit devant les nouvelles idées. Grâce à eux, mais aussi à ma formation en agronomie, à mes voyages, à mes expériences de travail et avec l'aide d'un futur associé, je suis prête aujourd'hui à relever ce défi d'une vie. L'avenir de la *Ferme des Belles Prairies* sera à l'image de son histoire : marqué par le changement et fructueux.

Marie-Pier et Marc-Olivier
réparent la clôture du pâturage.

LE TERROIR

Le profond attachement que nous avons pour notre région influe directement et indirectement sur notre travail quotidien. Difficile à définir, le concept de terroir varie légèrement d'une industrie à l'autre. Dans le cas de la production fromagère, il désigne les liens indissociables entre un territoire, des artisans et des animaux. Caractérisé autant par son aspect géographique que par sa dimension culturelle, le terroir est donc le résultat de la combinaison de ces paramètres, soit un produit unique, influencé par le milieu naturel, le savoir-faire des artisans et leurs pratiques d'élevage. Ainsi, la géologie de la Montérégie, la race de nos vaches, la composition des fourrages qu'elles consomment et les techniques fromagères appliquées confèrent à nos fromages leur typicité. Ce caractère inimitable s'exprime par la texture, l'apparence et les saveurs spécifiques de nos produits.

LA FERME DES BELLES PRAIRIES

LES FROMAGES
AU GRÉ DES CHAMPS

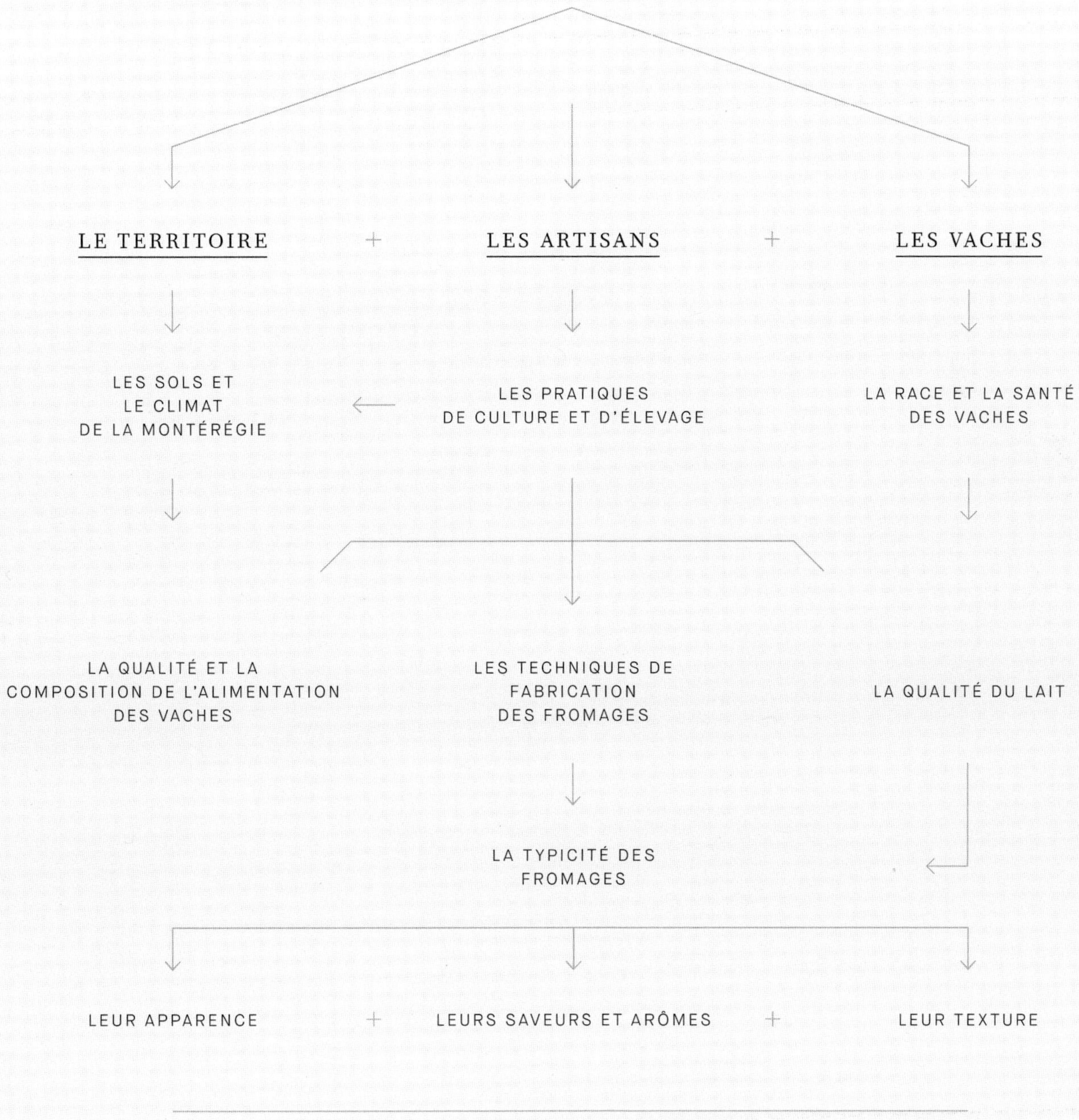

[.2]

LE TERRITOIRE

LA MONTÉRÉGIE

Les collines montérégiennes jalonnent le paysage de plaines dans cette région où se trouve la fromagerie. De la ferme, on aperçoit ainsi le mont Saint-Grégoire et, au loin, les monts Rougemont et Saint-Hilaire. Nos terres s'étendent à moins d'un kilomètre à vol d'oiseau de la rivière Richelieu, un affluent du fleuve Saint-Laurent. La rivière tempère le climat de la vallée, déjà l'un des plus cléments du Québec.

L'agriculture occupe une place majeure dans l'histoire et dans l'économie de cette région ; elle a également contribué à en façonner le paysage. La vallée du Saint-Laurent est d'ailleurs surnommée le Jardin du Québec. La Montérégie est connue pour ses productions maraîchères, ses élevages et ses champs de grande culture, mais elle se distingue aussi par ses vergers et ses vignobles. Son agriculture, principalement périurbaine, possède l'avantage de se trouver à proximité d'importants marchés. Toutefois, la cohabitation entre milieu rural et milieu urbain comporte son lot de défis tant sur le plan de l'utilisation des terres que du voisinage avec les citadins. Toute paysannerie pratiquée dans ce contexte est un peu combative, réaffirmant constamment son utilité sur un territoire en mutation.

LA TERRE

Au cœur du cycle de la production agricole se trouve la terre sur laquelle repose la ferme. Par sa composition et sa chimie particulières, le sol contribue à donner aux fromages *Au Gré des Champs* leurs caractéristiques. L'utilisation qui en est faite au fil du temps, les cultures qui y sont réalisées et les plantes qui y poussent sont également ce qui donne à nos terres leur singularité et font le terroir de notre région.

Les champs de la *Ferme des Belles Prairies* sont riches en sédiments laissés par la mer de Champlain il y a des milliers d'années, notamment en argile. Aussi, ces terres agricoles sont parmi les plus productives du Québec.

Le troupeau de Suisses brunes broute devant le mont Saint-Grégoire.

Sensibles à la compaction, elles doivent être cultivées avec respect. Un sol compacté devient stérile, imperméable à l'eau et à l'air. Le fumier de nos vaches est composté un an avant d'être épandu sur les terres. En plus d'enrichir le sol, ce fertilisant le protège en apportant de la matière organique. Le compost, un amendement stable, minimise les risques de pollution. Nous labourons la terre seulement deux années sur six, ce qui réduit la perturbation des organismes et assure la protection du sol. La présence en abondance de bactéries, champignons, vers de terre et insectes révèle une terre en santé. Le fait que nous n'utilisons pas de pesticides ni d'engrais chimiques contribue aussi à la vitalité de la microfaune de notre sol et à la pérennité de sa valeur agricole. Mon père parle toujours avec humilité de son rapport à la terre : « Elle ne nous appartient pas réellement, nous en sommes les gardiens pour un temps. Nous avons le devoir de transmettre à la prochaine génération un sol en santé qui pourra la nourrir. »

(ci-dessous) Maturation du compost en andain sur les terres de la ferme.

TRAVAUX D'HIVER

L'hiver est une saison un peu morose pour l'agriculteur. Alors que les champs sont figés dans la glace et la neige, mon père parle déjà du printemps à venir. C'est une période de préparation pour la belle saison. Au Québec, l'été étant court, il faut se tenir prêts. Nous planifions les futures cultures et les besoins en fumier et en semences. C'est également l'occasion de faire des réparations et des modifications à la machinerie. Nous en profitons aussi pour assister à des cours et des conférences afin de parfaire nos connaissances et de découvrir les nouveautés en agriculture. L'hiver, nous nous permettons, parfois, de partir en vacances !

LE CLIMAT

La nordicité du Québec influence grandement la nature de l'agriculture que l'on y pratique, de même que le terroir de ses différentes régions. Le climat a un impact sur les types de plantes cultivées et les races d'animaux élevés. Nous avons choisi la Suisse brune non seulement pour ses qualités laitières, mais aussi parce qu'elle s'adapte bien à la fois à nos hivers rigoureux et à nos étés chauds et humides. La longue saison hivernale marque significativement notre élevage. Il faut préserver et entreposer de quoi nourrir le troupeau pendant plus de huit mois. Si les précipitations importantes du Québec nous permettent d'avoir des pâturages luxuriants en début de saison estivale, l'herbe devient moins abondante en juillet et en août lorsque le temps est sec. À l'automne, la croissance des plantes ralentit du fait de la diminution de la quantité de lumière reçue et la qualité des fourrages s'amoindrit. Comme nos vaches vont au pâturage, il en résulte des variations importantes dans leur alimentation. Le troupeau est principalement nourri de foin sec et de grains en hiver, et d'herbe fraîche et de grains en été. Cette alimentation influence la nature de nos fromages dont les caractéristiques varient au gré des saisons, au gré des champs.

Si la variété des saisons affecte les pratiques d'élevage, elle affecte aussi le rythme de notre travail. La brève saison estivale oblige à effectuer les travaux des champs durant une très courte période de temps qui ne laisse pas beaucoup de place à l'erreur. La latitude à laquelle se situe le Québec nous permet à peine de récolter les principales plantes à valeur agricole, comme le maïs et le soya. Les fermes québécoises peuvent alors difficilement entrer en compétition avec l'agriculture hautement productive d'autres pays. Nous avons donc intérêt à cultiver notre différence. C'est le pari que nous avons fait.

(ci-dessous) Les vaches sortent pour se dégourdir même en hiver.

TRAVAUX DE PRINTEMPS

Le printemps est une période d'effervescence où il y a fort à faire. Tout le monde a hâte de se mettre en marche pour la nouvelle saison. La Montérégie étant la région la plus chaude du Québec, les travaux dans les champs peuvent débuter vers la fin du mois d'avril. Les céréales doivent être semées tôt puisque ce sont des plantes qui préfèrent les températures fraîches. Elles sont également sensibles à la photopériode, c'est-à-dire qu'elles amorcent leur floraison en fonction de la longueur du jour. Des céréales semées au-delà du 15 mai en Montérégie vont donner des rendements nettement moindres. Nous espérons donc toujours un printemps hâtif, sans trop de pluie. D'autant que nos sols argileux s'égouttent et se réchauffent lentement. Lorsque nous avons un lit de semence uniforme, nous procédons au semis du mélange avoine-blé-pois. Ces plantes arriveront à maturité en même temps et pourront être récoltées en une fois. Cette culture joue un rôle très important pour la ferme : elle apporte de l'énergie dans l'alimentation des vaches et la paille sert de litière. Dans le semoir, nous mettons aussi notre mélange de fourrages : nous engrenons les céréales. Les petites pousses de graminées et de légumineuses se développent plus lentement que la culture principale. Celles-ci prennent donc le dessus et les plantules fourragères en latence couvrent le fond de la culture principale et entrent en compétition avec les mauvaises herbes. Une fois les céréales moissonnées, les plants s'épanouissent puisque la lumière se rend maintenant jusqu'à eux. Les plantes fourragères sont récoltées pendant les trois années suivantes.

Daniel mélange les graines du fourrage.

UNE JOURNÉE D'ÉTÉ À LA FERME

Cet horaire dépend des aléas de la nature et des caprices des « demoiselles ».

5:30

- Entrée des vaches dans l'étable.
- Petit repas de foin sec aux vaches.

6:00

- Début de la traite.

7:30

- Fin de la traite.
- Boire des veaux.
- Routine de nettoyage.

8:00

- Repas de grains aux vaches.

8:30

- Sortie des vaches au pâturage.
- Avancée des clôtures du pâturage rotatif.

9:00

- Écurage de l'étable.
- Repas de grains et de foin aux génisses (jeunes vaches).

10:00

- Travaux divers aux champs ou dans les bâtiments.

12:00

- Repos.
- Repas du fermier.

13:00

- Travaux divers aux champs ou dans les bâtiments.

15:00

- Entrée des vaches dans l'étable.
- Petit repas de foin sec aux vaches.

15:30

- Repas de grains aux vaches.
- Avancée des clôtures du pâturage rotatif.

16:00

- Repas de foin aux génisses.

16:30

- Début de la traite.

17:30

- Fin de la traite.
- Sortie des vaches au pâturage.

18:00

- Boire des veaux.
- Routine de nettoyage.

18:30

- Fin de la journée.
- Parfois travaux aux champs jusqu'à la noirceur.

Lorsque nous déplaçons les clôtures, nous décidons de la dimension de la nouvelle section en fonction de la hauteur de l'herbe et de la qualité du pâturage. Il arrive, lors de périodes de sécheresse, que nous restreignions l'accès à l'herbe afin que les vaches, qui la mangent très vite, lui laissent le temps de se régénérer. Toutefois, il est assez rare que cela fonctionne puisque nos vaches montrent rapidement leur insatisfaction en retournant à la grange, bien déterminées à obtenir ce qui leur est dû. Elles s'installent le long de la clôture et beuglent pour se faire entendre. Le plus souvent, cela nous convainc de retourner leur donner une section supplémentaire de pâturage !

[.3]

LES VACHES

LEUR RACE

Quand l'idée de la production de fromages fins a commencé à prendre forme, il nous est apparu évident qu'il faudrait changer la race de nos vaches. La Holstein, qui composait auparavant le troupeau, a été sélectionnée génétiquement pour donner une importante quantité de lait sans grand souci pour ses qualités fromagères.

Une rencontre avec de belles vaches brunes dans les Alpes françaises a convaincu mes parents d'entreprendre le croisement du troupeau avec la Suisse brune. Cette race produit un lait très gras, qui contient près de 5 % de matière grasse et qui est également plus riche en protéines. « Nos vaches donnent moins de lait, mais avec la même quantité, nous faisons plus de fromage. Le rendement fromager est meilleur », explique ma mère. La Suisse brune est une race rustique qui tolère bien les grandes marches nécessaires pour se rendre aux pâturages. Elle a un gabarit moyen, soit environ 650 kg (contre 750 kg pour les Holstein). C'est aussi un animal magnifique. Sa robe varie du brun au gris pâle avec un museau et des oreilles plus clairs. Elle montre généralement un tempérament doux et calme.

LEUR CARACTÈRE

Derrière leurs airs penauds, les vaches cachent des personnalités bien distinctes. Les petits caprices et les particularités de chacune alimentent beaucoup les conversations entre mon père et moi. Les vaches dominantes comme Claire, Nadia et Jackie se présentent constamment les premières pour entrer dans l'étable. Elles bousculent leurs congénères pour accéder aux meilleures sections du pâturage. Si certaines n'ont aucune affection pour les humains, d'autres, comme Pascaline, apprécient définitivement les câlins. Cannelle est notre hyperactive. Elle se montre incontrôlable en présence de moulée et essaie de renverser le chariot.

Elle beugle sans raison et cherche toujours à attirer notre attention. Le moment de la traite s'avère parfois laborieux puisqu'elle renifle nos vêtements, mâchouille les lacets de nos chaussures et finit par lancer un grand coup de langue sur notre visage! Quelques-unes sont plutôt désagréables à côtoyer (la belle, mais têtue Paula), la plupart ne font pas d'histoires et d'autres deviennent rapidement nos préférées.

LEUR ALIMENTATION

L'alimentation des vaches influence directement les propriétés du lait et contribue donc fortement à la typicité de nos fromages, d'autant plus que le lait est transformé cru, sans modification. Une dizaine de fleurs et de fines herbes, choisies pour l'appétence qu'elles suscitent ou leurs propriétés médicinales, sont ensemencées dans nos pâturages en plus des plantes fourragères habituelles. « Si les alpages européens nous ont inspiré les mélanges de plantes fourragères, nous avons concocté une combinaison secrète pour typer l'alimentation des vaches. Daniel prépare avec soin le mélange de semences chaque printemps. Nos fourrages sont de ce fait très diversifiés et uniques », mentionne ma mère. Contrairement au système de paissance en continu, nos pâturages sont gérés en paissance rationnée ou rotative. Cela a pour effet de rationner l'herbe, qui se trouve ainsi broutée de façon plus uniforme. Pour ce faire, nous avançons les clôtures deux fois par jour pour permettre aux vaches d'accéder à une section d'herbe fraîche en fonction du rythme de croissance du fourrage. Le système rotatif permet d'allouer un temps de repos au pâturage et d'éviter une surexploitation des plantes fourragères. Bien que plus exigeante, cette méthode favorise une repousse rapide de l'herbe et préserve à long terme la qualité des prairies. Cette technique nous offre la possibilité de prélever une coupe de foin sur certaines parcelles. Cela s'avère utile en début de saison lorsqu'il y a une surproduction de fourrages par rapport aux besoins du troupeau.

L'herbe sous forme fraîche ou séchée constitue la majeure partie de la ration des vaches. Elles consomment aussi divers grains provenant de la ferme : blé, avoine, seigle, pois et soya. La ferme est presque autosuffisante.

Si la qualité de l'alimentation des vaches influence les saveurs de nos produits, elle agit aussi sur leur apparence. Au printemps, le retour à l'herbage entraîne des changements visibles dans la pâte de nos fromages. Le bêtacarotène, présent dans les plantes fraîches, a un fort pouvoir colorant. Ce pigment orangé se retrouve dans le lait et donc dans les fromages. La pâte d'été présente ainsi des teintes dorées fort appétissantes.

Les vaches pâturent un riche mélange de plantes.

LEUR BIEN-ÊTRE

Nous avons beaucoup de respect et d'affection pour ces animaux avec lesquels nous travaillons chaque jour. Sans nos vaches, il n'y aurait pas d'*Au Gré des Champs*.

Il ne fait aucun doute que des vaches reposées, en bonne santé et qui peuvent exprimer leurs comportements naturels produisent un lait de bien meilleure qualité. Nous misons beaucoup sur la prévention pour garder nos vaches en bonne santé. La certification biologique accordée à notre ferme restreint l'utilisation d'antibiotiques, qu'il n'est permis d'administrer qu'en dernier recours, quand l'animal souffre ou que sa santé est compromise.

En plus d'être une solution temporaire à un problème plus grand, les antibiotiques, lorsqu'ils sont utilisés systématiquement, introduisent des résistances bactériennes. Plusieurs troubles de santé rencontrés au sein des troupeaux habituels peuvent être évités en minimisant les sources de stress. Les grandes quantités de grains et l'ensilage agressent le système digestif des ruminants et finissent par affaiblir ces derniers. L'alimentation de nos vaches est en majeure partie composée de fourrages sous forme de foin l'hiver et d'herbe fraîche l'été. Avec cette ration, les vaches ne produisent pas le maximum de lait, mais bien la quantité qu'elles sont capables de donner naturellement sans compromettre leur santé ou leur longévité. Nous nous efforçons également de fournir à nos animaux un environnement calme, propre et confortable.

(ci-dessous) Valence et sa bande profitent de la douceur d'un soleil de janvier.

Nous croyons que permettre aux vaches d'exprimer leurs comportements naturels contribue aussi à leur bien-être. En été, le troupeau reste environ vingt heures au pâturage, ne rentrant que pour les deux traites. L'hiver, il sort deux heures par jour pour faire de l'exercice. Dehors, les vaches passent beaucoup de temps à se socialiser. Elles s'affrontent pour établir la hiérarchie du troupeau et se lèchent les unes les autres.

Observer les vaches interagir constitue de plus un outil pour l'éleveur : lorsqu'elles sont à l'extérieur, celui-ci peut facilement repérer une vache qui va moins bien ou qui montre des signes de chaleur. Concernant la gestion de la fertilité, nous n'utilisons pas d'injections d'hormones pour synchroniser les chaleurs et provoquer l'ovulation des vaches. Elles ont en moyenne un veau par an, ce qui suit le cycle naturel de leur fécondité.

Mon père tire aussi fierté et plaisir de voir le bien-être de nos animaux : « Quand je vais chercher les *filles* au champ au lever du soleil, certaines ruminent couchées dans l'herbe alors que d'autres paissent tranquillement. À ce moment, pour moi, il ne fait aucun doute que nous leur offrons ce qu'il y a de mieux. Je ne ferais pas de l'élevage autrement, les vaches doivent pâturer, c'est dans leur nature. »

Daniel va chercher les *filles* au champ.

Les vaches aiment la routine. Elles remarquent tout de suite un changement. Il y a quelques années, nous avons dû installer un tuyau dans le ciment du trottoir où elles circulent pour sortir de l'étable. Une fois la réparation terminée, nous avons colmaté avec du béton frais, puis fait sortir les vaches. Elles se sont arrêtées net devant le ciment plus clair : quelque chose avait changé. Pendant au moins cinq minutes, elles ont reniflé et observé la nouveauté. Les vaches sont à la fois curieuses et peureuses ; elles veulent découvrir tout en restant le plus loin possible. Elles adoptent donc une position qui vise à garder le corps loin de l'objet de leur curiosité, tout en allongeant le cou et la langue au maximum pour analyser la situation. Une fois l'inspection achevée, l'une des plus téméraires, sans doute Jackie, a jugé que la chose était sécuritaire et s'est dirigée vers le pâturage. Les autres ont suivi sans plus d'hésitation, à la queue leu leu.

[.4]

LES ARTISANS ET ARTISANES

UNE AGRICULTURE DURABLE

Les principes de la production biologique sont simples puisqu'ils découlent de ceux, élémentaires, de l'agronomie, que nos ancêtres avaient compris bien avant l'avènement de la pétrochimie. Il s'agit d'une agriculture engagée qui nécessite d'être attentif et de considérer les conséquences de nos pratiques sur l'agroécosystème.

La rotation des cultures pratiquées à la ferme constitue l'un des piliers de son fonctionnement. Seigle d'automne, soya, céréales mélangées (avoine, blé et pois) et trois années de foin sec ou de pâturage se succèdent. Il s'écoule donc six ans avant qu'un champ ne soit ressemé de la même culture. Cette biodiversité est non seulement un principe, c'est aussi un outil essentiel pour obtenir de bonnes récoltes. Elle permet de briser le cycle des maladies, des insectes et des mauvaises herbes qui affectent les cultures.

Nos méthodes diffèrent souvent de celles pratiquées couramment. Les agriculteurs de notre région plantent le soya à la fin du mois de mai. Pour notre part, nous visons la mi-juin, lorsque la première vague de mauvaises herbes annuelles de l'été est passée. Fort de plusieurs dizaines d'années d'expérience et d'un sens aiguisé de l'observation, mon père sait attendre le bon moment pour semer: «Les semences de soya germent difficilement en sol froid. Il faut être patient et attendre le bon moment. Un bon semis assure une récolte abondante. Lorsque les pissenlits commencent à fleurir, c'est signe que le sol est bien réchauffé et peut recevoir les semences. Il s'agit d'observer les signes de la nature pour travailler de pair avec elle.»

Marie-Pier travaille à construire une clôture.

Les pratiques culturales respectueuses de l'environnement qui ont été mises en place à la ferme ont grandement contribué à protéger la biodiversité. Il n'est donc pas rare d'y apercevoir de grands hérons, des cerfs d'Amérique, des chauves-souris et des dindes sauvages. Nous encourageons cette biodiversité par la préservation des boisés, la plantation de haies brise-vent, l'implantation de bandes riveraines, mais surtout en pratiquant une agriculture biologique, sans pesticides, sans engrais chimiques et sans organismes génétiquement modifiés (OGM). Nous permettons aux insectes pollinisateurs de prospérer, aux arthropodes, aux champignons et aux bactéries de coloniser nos sols. Cette abondante macro- et microfaune participe à l'équilibre et au succès de la ferme. Elle est garante d'une agriculture pérenne.

TRAVAUX D'ÉTÉ

Une importante partie des travaux de l'été servent à se préparer pour l'hiver. Il faut entreposer des fourrages et du grain pour nourrir les animaux durant la saison froide. La récolte du foin nécessite au moins trois jours de temps chaud et sec. Elle se fait en plusieurs étapes : la fauche de l'herbe, la fenaison, le raclage et finalement le pressage. Du foin récolté trop humide *chauffe* pendant l'entreposage : la température dans la botte augmente, ce qui dégrade les protéines en plus de favoriser le développement de moisissures. Cela affecte grandement sa qualité. « Les jours de beau temps consécutifs sont parfois rares et une fois que l'herbe est coupée, on espère que les nuages passent tout droit. C'est stressant », témoigne mon père. En effet, s'il pleut sur le fourrage, beaucoup de nutriments sont lessivés et il faut recommencer le processus de séchage. Si les conditions le permettent, nous fauchons le foin trois fois au cours de la saison, à environ un mois d'intervalle. Les 10 000 bottes de 25 kg que nous récoltons durant l'été sont apportées à la grange, puis déchargées et placées manuellement.

Antoine et Marie-Pier placent les bottes de foin sur un convoyeur qui achemine celles-ci vers le grenier de la grange.

UNE AGRICULTURE DE PROXIMITÉ

Les portes de la ferme sont toujours ouvertes. Nos clients peuvent visiter nos installations et poser des questions sur nos pratiques. Nous nous nourrissons de ces échanges qui nous gardent proches des demandes de nos consommateurs. Ils nous permettent aussi de faire connaître la réalité de notre métier.

Mus par l'envie de renouer avec une partie des citoyens qui se sont désintéressés de l'agriculture, nous avons voulu développer une entreprise engagée dans la communauté, créer un sentiment d'appartenance et de fierté chez les concitoyens. Nous avons d'ailleurs choisi pour nos fromages des noms qui rappellent l'histoire de la région. Nous cherchons à cultiver l'intérêt pour les productions agroalimentaires québécoises et à partager notre enthousiasme pour la gastronomie de chez nous.

L'agriculture de proximité rapproche le consommateur et les producteurs agricoles. Cette relation mutuellement enrichissante permet au premier d'en savoir davantage sur les produits qui se retrouvent dans son assiette.

L'agriculteur, quant à lui, voit son travail directement encouragé et valorisé. La réduction des intermédiaires entre producteur et acheteur permet d'édifier un système agroalimentaire participatif qui responsabilise les différents acteurs sur les conséquences économiques, sociales et environnementales de nos choix en matière de production agricole.

TRAVAUX D'AUTOMNE

Mon père aime l'automne. C'est la saison où il récolte, littéralement, le fruit de notre travail. Comme nous ne cultivons pas de maïs, il n'y a que le soya à moissonner et, dans le premier quart de septembre, le seigle d'automne à semer. Cette plante bisannuelle résiste à nos hivers pour fleurir et donner des grains l'été subséquent. En septembre, nous épandons également le compost dans les champs : le précieux fertilisant fournira les nutriments nécessaires à la culture de l'année suivante. La fin de semaine suivant l'Action de grâces, nous organisons notre raclette annuelle sur feu de bois. Il s'agit d'un événement champêtre qui permet de rassembler clients, famille et amis pour une journée au cours de laquelle nous dégustons notre fromage Gré des Champs. Nous profitons aussi de ces festivités pour faire visiter la ferme et parler de nos pratiques agricoles. Les jours qui raccourcissent annoncent heureusement un peu de répit.

Des clients de la fromagerie regardent les vaches rentrer du pâturage.

Le « petit-lait » (lactosérum) contient des vitamines et des protéines qui complètent bien l'alimentation des vaches. Nous leur en versons une certaine quantité dans des auges. Si certaines sont complètement indifférentes au liquide sucré, d'autres en sont totalement folles. Elles balancent leur tête de gauche à droite jusqu'à ce qu'on les serve. Elles s'étirent au maximum pour essayer de voler la part de leur voisine qui en a reçu avant elles. Prunelle et Lou, de grandes dépendantes, ont une drôle d'habitude. Après avoir terminé leur ration, elles pointent le museau vers le plafond et tètent leur propre langue. Dans un bruit de succion peu gracieux, il se crée de la mousse tout autour de leur gueule. Cette mascarade dure assez longtemps pour couvrir la mangeoire de bave !

9303

[.5]

LA TRANSFORMATION FROMAGÈRE

LE LAIT

Nos fromages sont fermiers, c'est-à-dire que nous les fabriquons uniquement avec le lait de notre ferme. Nous transformons ce que notre troupeau produit et n'achetons pas de lait pour pallier les baisses de production. Cette façon de faire nous permet un contrôle étroit de la qualité et de la fraîcheur de notre matière première.

Tous nos fromages sont faits de lait cru. Celui-ci ne subit donc pas de pasteurisation, un traitement thermique qui élimine presque toutes les bactéries. Cela implique de la rigueur tout au long du processus, de la ferme à la fromagerie, afin d'assurer l'innocuité de nos produits. Les fromages au lait cru permettent de développer la flore microbienne complexe présente dans la matière première et de laisser s'exprimer les saveurs typiques de notre terroir. Pour illustrer les liens profonds entre cette flore et le goût des fromages, ma mère parle du lait d'automne : « À la fin de la saison, il arrive que des gelées nocturnes concentrent les sucs des plantes du pâturage. Les vaches broutent cette herbe et produisent alors un lait particulièrement sucré aux riches arômes floraux. » Utiliser le lait tel quel, sans lui faire subir aucun traitement, témoigne d'un respect pour la matière première et pour tout le travail nécessaire à sa production.

Nous restreignons les manipulations du précieux liquide pour en conserver toutes les composantes d'origine. Le lait est acheminé directement du pis de la vache à la cuve de transformation. Nous évitons ainsi les chocs physiques des pompages ou du transport qui endommagent les constituants du lait. Ce dernier ne subit pas non plus d'entreposage, mais seulement une filtration avant le début du processus de fabrication du fromage. Le lait que nous transformons est celui de la traite du matin et du soir : il a donc toujours moins de 12 heures. De plus, il ne subit jamais de standardisation ou d'écrémage pour en préserver toute l'authenticité et nous permettre de produire des fromages uniques.

LES PROCÉDÉS

Avec le lait du même troupeau, nous fabriquons plusieurs fromages à l'apparence, à la texture et au goût distincts. Ce sont les différents paramètres de transformation qui nous permettent de proposer cet éventail de produits : les températures, les temps de brassage, l'ajout de bactéries, le décaillage et la taille du moule varient pour chacun de nos fromages. Il s'agit donc d'un processus bien rodé, mais qui doit tout de même offrir de la flexibilité ; ma mère ajuste chaque jour ces paramètres en fonction du lait que la ferme lui fournit. En effet, l'alimentation des vaches et même le climat influencent quotidiennement les propriétés du lait. La fromagère use de son savoir-faire pour moduler légèrement les paramètres de transformation afin d'obtenir un produit à la fois constant et singulier.

Sacha mange son repas de grains du soir.

[01]

MATURATION DU LAIT ET ENSEMENCEMENT

Une fois la traite du soir terminée, le lait est acheminé directement à la fromagerie où il est refroidi dans le bassin de fabrication. Le lait mature de cette façon toute la nuit pour permettre aux bactéries lactiques de se développer et laisser ainsi toutes les propriétés de notre lait s'exprimer. Au matin, le fermier trait de nouveau les vaches et envoie le lait à la fromagerie. Ma mère soulève le couvercle de la cuve pour humer les arômes du lait encore chaud. Elle poursuit en le goûtant afin d'en évaluer les particularités. La transformation peut alors commencer. Des bactéries et des moisissures qui participent à l'acidification du lait ou, plus tard, à l'affinage du fromage sont alors ajoutées. Puis le lait est chauffé pour favoriser la multiplication des bonnes bactéries nécessaires à la production de fromages.

[02]

EMPRÉSURAGE

L'emprésurage ou coagulation est l'étape au cours de laquelle la présure est ajoutée au lait. La présure est une enzyme qui provient de l'estomac du veau. Elle a pour rôle de transformer le lait en gel. À cette étape de la fabrication, ma mère surveille de près son caillé. Elle utilise le test de la poche, qui consiste à plonger une petite pelle en plastique dans le gel et à la ressortir horizontalement pour observer la cassure qui se crée. La fromagère évalue ainsi la fermeté du caillé et le fait qu'il soit prêt pour le décaillage. Ma mère apprécie à intervalles réguliers la tenue du gel. Un savoir-faire développé au fil des ans et des gestes répétés lui permettent de reconnaître un caillé prêt à être découpé.

[03]

DÉCAILLAGE ET MOULAGE

La fromagère utilise une lyre pour trancher à la main le caillé. La dimension des grains de caillé a une influence sur le type de fromage qui en résultera. Généralement, pour les pâtes molles comme celle de l'Adjudant, la taille des grains de caillé est plus grande. Dans le cas des pâtes pressées, comme celle du Monnoir, les grains sont plus petits. À cette étape, le lactosérum, également appelé « petit-lait », commence à se séparer de la partie solide du fromage. La fromagère entame alors les étapes de brassage et de chauffage, plus ou moins importantes selon le type de fromage. Pour vérifier si le caillé peut être mis en moule, ma mère procède au test du pâton. Elle forme un boudin de caillé pressé dans sa main : si les grains fusionnent, le moulage peut débuter. Sinon, il faut poursuivre le brassage. Cette évaluation lui permet aussi d'apprécier la souplesse et l'élasticité du caillé pour effectuer les ajustements nécessaires lors de la prochaine fabrication. Après le moulage, l'égouttage du lactosérum est forcé par un pressage mécanique. Dans le cas du Pont Blanc, de l'Adjudant et du Péningouin, nos fromages à pâte molle, cette étape est omise.

[04]

SALAGE

Le sel joue un rôle de conservation, mais il a aussi un effet sur le goût des produits. Les fromages peuvent être salés à sec ou en saumure. Dans le premier cas, il s'agit de saupoudrer directement le sel sur les meules. Nous utilisons cette méthode pour le Péningouin et le Pont Blanc. Le saumurage consiste à laisser tremper les fromages dans de l'eau saturée de sel. Tous nos autres produits sont salés de cette façon. Les meules baignent dans la saumure plus ou moins longtemps selon leur format, leur densité et le type de croûte et de goût recherchés.

[05]

AFFINAGE

Pendant l'affinage, le fromage mature. Il développe alors sa croûte, ses arômes et ses saveurs. Nous transférons les meules dans des salles où la température et l'humidité sont contrôlées, durant une période qui varie de quelques jours à plusieurs mois. À cette étape, il faut généralement apporter des soins qui consistent à retourner, frotter et laver les meules. À la fromagerie, nous affinons les Gré des Champs, les D'Iberville, les Frère Chasseur et les Monnoir sur des planches en bois. Ce matériau traditionnel possède des qualités multiples, notamment le pouvoir de réguler l'humidité ambiante. De plus, la porosité du bois abrite une riche flore de moisissures et de bactéries propre à nos fromages. Cette flore microbienne ensemence la surface des jeunes meules blanches posées sur les planches en début d'affinage. En plus de contribuer au développement des fromages et à leur spécificité, les planches en bois limitent l'implantation de flores indésirables. L'essence de bois utilisée à la fromagerie demeure un secret bien gardé.

NOS FROMAGES ET LEURS CARACTÉRISTIQUES

	FROMAGE		TEMPS D'AFFINAGE
01	LE GRÉ DES CHAMPS	Pâte pressée mi-cuite Salé en saumure	3 mois
02	LE D'IBERVILLE	Pâte pressée non cuite Salé en saumure	2 mois
03	LE MONNOIR	Pâte pressée cuite Salé en saumure	6 mois
04	LE PONT BLANC	Pâte pressée mi-cuite Salé en saumure	15 jours
05	LE PÉNINGOUIN	Pâte molle moulée à la louche Salé à sec	Non affiné
06	LE FRÈRE CHASSEUR	Pâte pressée mi-cuite Salé à sec	6 mois
07	L'ADJUDANT	Pâte molle Salé en saumure	20 jours

TEXTURE	COULEUR	CROÛTE	SAVEUR
Ferme	Été : jaune maïs Hiver : jaune pâle	Naturelle	Beurre Noisettes Fruitée
Semi-ferme à molle	Ivoire à jaune pâle	Lavée-mixte	Florale Herbacée Lactique
Ferme	Été : jaune maïs Hiver : jaune pâle	Naturelle	Beurre Noisettes torréfiées Caramel Fruitée
Molle et légère	Blanche	Fleurie	Beurre Légèrement acidulée Crème fraîche
Molle et fraîche	Blanche	Sans croûte	Lactique Acidulée
Ferme et souple	Été : jaune maïs Hiver : jaune pâle	Lavée-mixte	Fruits confits Notes torréfiées Caramel
Molle et crémeuse	Ivoire	Fleurie	Champignons frais Beurre

PARTIE

2

LES FROMAGES ET LES RECETTES

Textes de Johanne Depelteau
Photographies de Virginie Gosselin
Illustrations de Mireille St-Pierre

Recettes de Martin Juneau, Jonathan Lanciault, Audrey Dufresne, Alexandre Auclair et Shane Sluchinski, Marc-Alexandre Mercier, Jason Nelsons, Daniel Lacroix, Guillaume Cantin, Normand Laprise, Suzanne Dufresne, Françoise Létourneau et Johanne Depelteau

LE GRÉ DES CHAMPS

[01]

Ce fromage doit son nom à la façon dont les 30 vaches de la *Ferme des Belles Prairies* s'alimentent, au gré des champs et des prés fleuris de la vallée du Richelieu. C'est ce qui lui donne son goût si particulier.

TEMPS D'AFFINAGE : 3 mois
TEXTURE : Ferme
COULEUR DE LA PÂTE : Jaune maïs (été), jaune pâle (hiver)
CROÛTE : Naturelle
SAVEUR : Beurre, noisettes, fruitée

PASTAGA

MARTIN JUNEAU

CRAQUANTS AU GRÉ DES CHAMPS, SALADE D'ÉPINARDS ET PACANES

Pour 4 personnes

INGRÉDIENTS

[01 **CRAQUANTS AU GRÉ DES CHAMPS**]

1 morceau de Gré des Champs (environ 300 g)

[02 **PACANES GRILLÉES**]

60 ml (¼ tasse) de pacanes
30 ml (2 c. à soupe) de beurre doux (non salé)
Sel et poivre

[03 **OIGNON ROUGE MARINÉ**]

1 oignon rouge, coupé en quartiers
125 ml (½ tasse) d'eau
125 ml (½ tasse) de vinaigre de vin rouge
125 ml (½ tasse) de sucre (100 g)

[04 **SALADE D'ÉPINARDS**]

1 l (4 tasses) de bébés épinards (environ 150 g)
45 ml (3 c. à soupe) d'huile d'olive
15 ml (1 c. à soupe) de vinaigre de vin rouge
Sel et poivre

PRÉPARATION

[01] Dans une poêle antiadhésive chaude, à feu moyen, frotter le morceau de fromage directement sur la surface de la poêle en une mince couche.

Laisser cuire environ 30 secondes et retirer à l'aide d'une spatule.

Déposer sur une plaque tapissée d'une feuille de papier-parchemin.

Répéter l'opération pour former les craquants au Gré des Champs. Réserver.

[02] Dans une poêle, faire griller les pacanes avec le beurre pendant quelques minutes jusqu'à ce qu'elles dégagent leur arôme. Assaisonner de sel et de poivre. Réserver.

[03] Dans une casserole, porter l'eau, le vinaigre et le sucre à ébullition. Cuire jusqu'à ce que le sucre soit dissous. Verser sur les quartiers d'oignon rouge et laisser refroidir.

[04] Dans un bol, mélanger tous les ingrédients. Assaisonner de sel et de poivre.

[**MONTAGE**] Répartir la salade dans des assiettes et garnir de pacanes, d'oignon rouge mariné et de craquants au Gré des Champs.

LE SAMUEL

JONATHAN LANCIAULT

GNOCCHIS PARISIENS FRITS AU GRÉ DES CHAMPS, FONDUE DE TOMATES À LA SAUCE CHERRY BOMB

Pour 4 personnes

INGRÉDIENTS

[01 **FONDUE DE TOMATES**]

60 ml (¼ tasse) d'huile d'olive
4 échalotes, hachées finement
3 gousses d'ail, hachées finement
250 ml (1 tasse) de vin blanc
6 tomates italiennes
3 brins de thym
1 feuille de laurier
30 ml (2 c. à soupe) de sucre
60 ml (¼ tasse) de sauce Cherry Bomb du Robin Square
Sel et poivre

[02 **GNOCCHIS**]

250 ml (1 tasse) de lait
80 ml (⅓ tasse) de beurre
1 pincée de sel
375 ml (1 ½ tasse) de farine (150 g)
4 œufs
250 ml (1 tasse) de Gré des Champs, sans la croûte, râpé (200 g)
30 ml (2 c. à soupe) de persil haché
30 ml (2 c. à soupe) de ciboulette ciselée

Huile pour la friture

PRÉPARATION

[01] Dans une poêle, chauffer l'huile et y faire suer les échalotes et l'ail. Déglacer au vin blanc et laisser réduire de moitié.

Ajouter les tomates, le thym, le laurier, le sucre et la sauce Cherry Bomb. Laisser mijoter à feu doux pendant 1 heure en remuant de temps à autre.

Retirer le thym et le laurier. À l'aide d'un mélangeur, réduire en purée grossière.

Assaisonner de sel et de poivre. Réserver.

[02] Dans une casserole, porter le lait, le beurre et le sel à ébullition. Retirer du feu et incorporer la farine en brassant vigoureusement à la cuillère en bois jusqu'à ce que la pâte forme une boule qui se détache des parois de la casserole. Remettre la casserole sur feu doux et poursuivre la cuisson en remuant pendant 2 minutes.

Retirer du feu et laisser tiédir. Incorporer les œufs un à la fois en battant énergiquement après chaque addition, jusqu'à ce que la pâte soit lisse et homogène. Incorporer le Gré des Champs, le persil et la ciboulette.

À l'aide d'une poche à pâtisserie munie d'une douille ronde d'environ 1,5 cm (¾ po), façonner des gnocchis d'environ 2,5 cm (1 po) de long en les laissant tomber, à l'aide d'un couteau, dans une casserole d'eau frémissante salée.

Cuire les gnocchis pendant 3 à 4 minutes ou jusqu'à ce qu'ils soient al dente. Égoutter et réserver les gnocchis au réfrigérateur pendant 30 minutes sur une plaque huilée pour les raffermir.

Préchauffer l'huile de la friteuse à 180 °C (350 °F). Frire les gnocchis pendant quelques minutes ou jusqu'à ce qu'ils soient dorés et croustillants.

Servir avec la fondue de tomates.

LES TROIS PETITS BOUCHONS

AUDREY DUFRESNE

RACLETTE DE POISSON AU GRÉ DES CHAMPS

Pour 4 personnes

INGRÉDIENTS

[01 MAQUEREAU]

1 filet de maquereau frais, avec la peau
125 ml (½ tasse) de sel
125 ml (½ tasse) de sucre (100 g)
Zeste de 1 citron

[02 GRAINES DE MOUTARDE MARINÉES]

80 ml (⅓ tasse) de graines de moutarde
80 ml (⅓ tasse) d'eau
80 ml (⅓ tasse) de vinaigre balsamique blanc
45 ml (3 c. à soupe) de sucre
1 pincée de sel

[03 VINAIGRETTE SOYA-ÉRABLE]

60 ml (¼ tasse) de sauce soya
60 ml (¼ tasse) de sirop d'érable
15 ml (1 c. à soupe) d'huile de pépins de raisin

[04 POMMES DE TERRE CONFITES]

12 petites pommes de terre rattes entières, non pelées
15 ml (1 c. à soupe) de gros sel
2 gousses d'ail, pelées
2 brins de thym
500 ml (2 tasses) de gras de canard

[05 KALE]

15 ml (1 c. à soupe) de beurre
4 feuilles de kale (chou frisé), sans la tige
45 ml (3 c. à soupe) d'eau
Sel et poivre

[MONTAGE]

20 crevettes, cuites
12 pétoncles fumés
8 tranches de Gré des Champs
Poudre de café (facultatif)
Micro-verdures de kale (facultatif)

PRÉPARATION

[01] Dans un bol, mélanger le sel, le sucre et le zeste de citron. Enrober le maquereau avec le mélange, couvrir et réserver au réfrigérateur pendant une heure.

Retirer le maquereau du sel et rincer à l'eau froide. Assécher à l'aide d'un papier absorbant. Découper le maquereau en 4.

Réserver au réfrigérateur.

[02] Dans une casserole, verser tous les ingrédients et cuire à feu doux jusqu'à ce que le liquide soit réduit au quart. Réserver.

[03] Dans un bol, à l'aide d'un fouet, mélanger tous les ingrédients. Réserver.

[04] Préchauffer le four à 160 °C (325 °F).

Dans un plat de cuisson, mélanger les pommes de terre avec le gros sel, l'ail et le thym. Ajouter le gras de canard.

Recouvrir d'une feuille de papier d'aluminium et cuire au four pendant environ 45 minutes ou jusqu'à ce que les pommes de terre soient tendres.

Retirer du gras de canard et réserver.

[05] Dans une poêle, chauffer le beurre et ajouter les feuilles de chou. Faire tomber et déglacer avec un peu d'eau. Assaisonner de sel et de poivre et réserver.

[MONTAGE] Préchauffer le four à gril (broil).

Dans une poêle, à feu doux, réchauffer les crevettes et les pétoncles dans 15 ml (1 c. soupe) de beurre.

Réchauffer les pommes de terre dans le gras de canard. À l'aide d'un chalumeau, brûler la peau du maquereau.

Au moment de servir, répartir le chou en fond d'assiette, garnir de pommes de terre et répartir les crevettes et les pétoncles fumés sur les pommes de terre. Couvrir de deux tranches de Gré des Champs.

Mettre au four 1 minute, tout juste pour faire fondre le fromage.

Garnir de maquereau, de graines de moutarde marinées et arroser le maquereau d'un peu de vinaigrette soya-érable. Saupoudrer avec un peu de poudre de café et garnir de quelques feuilles de micro-verdure de kale, si désiré.

FOURQUET FOURCHETTE
ALEXANDRE AUCLAIR ET
SHANE SLUCHINSKI

MAGRET DE CANARD, RISOTTO D'ORGE AU GRÉ DES CHAMPS, HERBES FRAÎCHES, CAROTTES CONFITES AU MIEL

Pour 4 personnes

INGRÉDIENTS

[01 **RISOTTO D'ORGE**]

500 ml (2 tasses) d'eau
250 ml (1 tasse) d'orge perlé (180 g)
30 ml (2 c. à soupe) de gras de canard ou de beurre
1 petite échalote, hachée finement
1 brin de thym
1 feuille de laurier
125 ml (½ tasse) de vin blanc
250 ml (1 tasse) de crème 35 %
250 ml (1 tasse) de Gré des Champs, râpé (100 g)
30 ml (2 c. à soupe) de ciboulette, ciselée
30 ml (2 c. à soupe) de persil, haché finement
Sel et poivre

[02 **CAROTTES CONFITES AU MIEL**]

30 ml (2 c. à soupe) d'huile d'olive
1 oignon, émincé
2 lb (1 kg) de carottes, coupées en deux sur la longueur
30 ml (2 c. à soupe) de miel
15 ml (1 c. à soupe) de vinaigre balsamique
15 ml (1 c. à soupe) de moutarde à l'ancienne
Sel et poivre

[03 **MAGRETS DE CANARD***]

2 magrets de canard, parés

[**NOTA**] *Vous pouvez saisir les magrets à l'avance et terminer la cuisson au four au dernier moment.*

PRÉPARATION

[01] Dans une casserole, porter l'eau à ébullition. Ajouter l'orge et cuire pendant environ 25 minutes à feu doux ou jusqu'à ce qu'il soit al dente. Réserver.

Dans une casserole, à feu moyen-vif, chauffer le gras de canard et y caraméliser l'échalote avec le thym et le laurier. Déglacer avec le vin blanc. Bien remuer pour déloger les sucs et laisser réduire presque à sec. Retirer le thym et le laurier.

Ajouter l'orge cuit et la moitié de la crème. Poursuivre la cuisson à feu doux en remuant pendant 1 minute.

Incorporer le fromage, le restant de crème et les herbes. Assaisonner de sel et de poivre. Réserver au chaud.

[02] Dans une poêle, chauffer l'huile et y faire suer l'oignon. Ajouter les carottes et poursuivre la cuisson pendant 5 minutes. Ajouter le restant des ingrédients. Assaisonner de sel et de poivre.

Poursuivre la cuisson à feu doux pendant 30 minutes en remuant de temps à autre ou jusqu'à ce que les carottes soient tendres.

[03] Quadriller le gras à l'aide d'un couteau bien aiguisé sur quelques millimètres sans jamais atteindre la chair.

Préchauffer le four à 225 °C (450 °F).

Chauffer une poêle à feu moyen-vif et y faire dorer vos magrets côté gras vers le bas pendant environ 2 minutes. Retourner les magrets et poursuivre la cuisson 2 minutes ou jusqu'à ce qu'ils soient dorés. Assaisonner de sel et de poivre et les déposer côté gras vers le bas dans un plat de cuisson. Cuire pendant 6 minutes pour une cuisson rosée.

Retirer du four, couvrir d'une feuille de papier d'aluminium et laisser reposer pendant 5 à 10 minutes avant de trancher les magrets.

Servir avec le risotto d'orge et les carottes confites au miel.

ALEXANDRE
AUCLAIR

SHANE
SLUCHINSKI

FOURQUET FOURCHETTE

Chambly

« NOUS AVONS COMMENCÉ NOS CARRIÈRES RESPECTIVES À L'ÂGE DE 15 ANS AVEC FRANÇOIS PELLERIN, ANCIEN CHEF DE CUISINE DU *FOURQUET FOURCHETTE*, QUI NOUS A APPRIS LE MÉTIER ET A ÉTÉ NOTRE MENTOR JUSQU'À CE QUE NOUS DEVENIONS, À NOTRE TOUR, CHEFS AU *FOURQUET FOURCHETTE*.

François nous a fait découvrir les produits du Québec, l'histoire et les diverses influences sur notre cuisine, entre autres les bases de l'alimentation autochtone : viande séchée, gras ou fruits séchés. Il en a repris le concept en utilisant le gras de canard, le grison, les fruits séchés, l'amélanchier, l'esturgeon, etc. C'est également lui qui a créé l'image de marque du *Fourquet Fourchette* en mettant en valeur la cuisine québécoise. Il nous a ainsi montré l'importance d'utiliser les produits locaux, de discuter avec les producteurs et d'établir des liens avec eux.

L'été, il y a un petit marché local à Chambly. Quand les fournisseurs viennent livrer, on prend le temps de parler avec eux, on prend un café : ils nous informent de leurs nouveaux produits. Un jour, un producteur m'a apporté un agneau. Comme j'étais à deux minutes du restaurant, je suis revenu avec l'agneau sur mon épaule !

Au restaurant, je fais un caramel de bière. On l'obtient d'une bière forte réduite avec du sucre. Il est servi avec un bon fromage et un croûton. Un classique ici ! Le sucré amer se marie parfaitement avec le Gré des Champs. Ce fromage est mon coup de cœur pour sa croûte et ses arômes de terre, et le Péningouin pour sa texture. Si je n'ai pas de fromage dans mon frigo, je ne suis pas de bonne humeur ! »

Alexandre Auclair et Shane Sluchinski sont chefs au Fourquet Fourchette, *ouvert en 2000. Situé à Chambly, en Montérégie, le restaurant propose une cuisine contemporaine alliant les saveurs du moût de bière et des produits du terroir, ainsi que la découverte des goûts d'autrefois.*

HÔTEL HERMAN

MARC-ALEXANDRE MERCIER

GRÉ DES CHAMPS, PINTADE, SALSIFIS, NOISETTES

Pour 4 personnes

INGRÉDIENTS

[01 FOND DE VOLAILLE]

750 ml (3 tasses) de fond de volaille maison ou du commerce

[02 NOISETTES RÔTIES]

30 ml (2 c. à soupe) de noisettes (40 g)
Sel

[03 LAIT DE NOISETTES]

30 ml (2 c. à soupe) de noisettes (40 g)
125 ml (½ tasse) d'eau
1 pincée de sel

[04 PURÉE DE SALSIFIS]

8 petits ou 4 gros salsifis pelés (300 g)
30 ml (2 c. à soupe) d'huile de canola
60 ml (¼ tasse) de crème 35 %
Sel et poivre

[05 SALSIFIS GRATINÉS]

8 petits ou 4 gros salsifis
Jus de ½ citron
30 ml (2 c. à soupe) de beurre doux (non salé)
160 g de Gré des Champs, sans la croûte, râpé
Sel et poivre

[06 POITRINES DE PINTADE]

4 poitrines de pintade
30 ml (2 c. à soupe) de gras de canard
Sel et poivre

PRÉPARATION

[01] Dans une casserole, à feu moyen, laisser réduire le fond de volaille de moitié ou jusqu'à ce que la sauce nappe le dos d'une cuillère. Rectifier l'assaisonnement et réserver.

[02] Préchauffer le four à 180 °C (350 °F). Faire rôtir les noisettes au four jusqu'à ce qu'elles soient dorées. Assaisonner et hacher grossièrement.

[03] Faire rôtir les noisettes au four jusqu'à ce qu'elles soient dorées. Au mélangeur, réduire les noisettes et l'eau jusqu'à l'obtention d'une texture laiteuse. Assaisonner de sel. Réserver.

[04] Dans une casserole, chauffer l'huile et y faire suer les salsifis sous couvercle. Faire cuire pendant 15 à 20 minutes ou jusqu'à ce que les salsifis soient tendres. Si nécessaire, ajouter de l'eau afin d'éviter la coloration. Assaisonner de sel et de poivre.

Transférer dans un mélangeur et réduire en purée avec la crème. Passer au tamis fin. Rectifier l'assaisonnement et la texture au besoin.

[05] Peler les salsifis et les mettre dans de l'eau citronnée afin d'éviter l'oxydation. Blanchir environ 1 à 2 minutes selon la grosseur. Refroidir à l'eau glacée.

Transférer les salsifis sur une plaque de cuisson, rôtir et couvrir de Gré des Champs. Réserver.

[06] Préchauffer le four à 220 °C (425 °F).

Assaisonner généreusement les poitrines de pintade de sel et de poivre.

Dans une poêle, faire fondre le gras de canard et y déposer les poitrines côté peau vers le bas. Faire rôtir les poitrines à feu moyen-vif jusqu'à ce qu'elles soient dorées.

Poursuivre la cuisson au four pendant environ 2 minutes ou jusqu'à ce que les poitrines soient cuites. Laisser reposer 5 minutes et trancher.

[MONTAGE] Préchauffer le four à gril (broil).

Faire gratiner les salsifis et les répartir dans les assiettes. Ajouter quelques points de purée de salsifis. Garnir de noisettes rôties. Déposer les poitrines et napper de sauce. Garnir avec une cuillerée de lait de noisettes.

JASON NELSONS

GRATIN DE TROMPETTES-DE-LA-MORT ET CHOUX DE BRUXELLES AU GRÉ DES CHAMPS

Pour 4 personnes

INGRÉDIENTS

45 ml (3 c. à soupe) de beurre
12 trompettes-de-la-mort ou chanterelles fraîches
60 ml (¼ tasse) de crème 35 %
250 ml (1 tasse) de Gré des Champs, sans la croûte, râpé (environ 200 g)
250 ml (1 tasse) de pois « pigeon » ou haricots blancs, cuits
12 choux de Bruxelles, blanchis et effeuillés
4 œufs
15 ml (1 c. à soupe) de ciboulette, ciselée
Sel et poivre

PRÉPARATION

Préchauffer le four à 180 °C (350 °F).

Dans une poêle, chauffer le beurre et y faire sauter les champignons.

Dans 4 petits plats à gratin, répartir la crème, le fromage, les champignons, les pois et les feuilles de choux de Bruxelles.

Assaisonner de sel et de poivre.

Casser un œuf au centre de la préparation.

Cuire au four pendant 6 à 8 minutes ou jusqu'à ce que le blanc d'œuf soit cuit et le jaune coulant. Garnir de ciboulette.

LA MAISON CHEZ NOUS

DANIEL LACROIX

PAUPIETTES DE VEAU DE GRAIN AU GRÉ DES CHAMPS ET AU PROSCIUTTO, SAUCE AU MARSALA

Pour 4 personnes

INGRÉDIENTS

[01 PAUPIETTES DE VEAU]

12 escalopes de veau de grain
12 tranches de prosciutto
12 bâtonnets de Gré des Champs
45 ml (3 c. à soupe) d'huile d'olive
Sel et poivre

[02 SAUCE AU MARSALA]

250 ml (1 tasse) de marsala
250 ml (1 tasse) de fond de veau
500 ml (2 tasses) de crème 35 %
Sel et poivre

[MONTAGE]

¾ lb (375 g) de linguines, cuits al dente
Ciboulette ciselée

PRÉPARATION

[01] Préchauffer le four à 200 °C (400 °F).

À l'aide d'un maillet, aplatir les escalopes pour les attendrir. Déposer une tranche de prosciutto sur l'escalope et un bâtonnet de Gré des Champs à une extrémité de l'escalope et enrouler pour former des paupiettes.

Dans une poêle, chauffer l'huile et y faire dorer les paupiettes. Assaisonner de sel et de poivre. Transférer dans un plat de cuisson et poursuivre la cuisson au four pendant 8 à 10 minutes pour une cuisson rosée.

[02] Dans la même poêle, verser le marsala, flamber et réduire des trois quarts. Ajouter le fond de veau, la crème et réduire jusqu'à ce que la sauce nappe le dos d'une cuillère. Assaisonner de sel et de poivre.

[MONTAGE] Répartir les linguines et les paupiettes de veau dans les assiettes. Napper de sauce au marsala, garnir de ciboulette et servir.

MARC-ALEXANDRE

MERCIER

HÔTEL HERMAN

Montréal

« J'ai fait la connaissance de mes partenaires, Dominic Goyet et Ariane Lacombe, lorsque nous travaillions au restaurant *La Salle à Manger*.

Après des études à l'ITHQ et un stage à Saint-Émilion, au restaurant *Hostellerie de Plaisance* qui était alors dirigé par Philippe Etchebest, j'ai poursuivi aux côtés de Robert Belcham, au restaurant *Fuel*, à Vancouver. De retour à Montréal, j'ai aidé Samuel Pinard à *La Salle à Manger*. J'ai fait ensuite un stage en charcuterie avec Massimo Spigaroli en Italie, avant de me joindre à la brigade de Claude Pelletier au *Filet*. Puis, je suis allé au Danemark pour observer le travail de René Redzepi au *Noma*. C'est lui qui m'a redirigé vers Montréal où je suis devenu chef copropriétaire du restaurant *Hôtel Herman*.

En ouvrant *Hôtel Herman*, nous voulions aller à l'encontre de la mentalité qui consistait à offrir des plats gargantuesques, gras et lourds. Nous voulions que les gens puissent finir leur assiette, et ce, dans une ambiance conviviale. Les plats que je préfère composer sont attrayants et élégants tout en étant simples. J'aime faire des associations inusitées et surprendre sur le plan des saveurs. En hiver, nous dressons nos menus à partir des légumes racines, oignons et pommes de terre. Cette contrainte nous oblige à être plus inventifs pour arriver à créer des plats originaux.

J'ai visité récemment la ferme *Au Gré des Champs* avec toute mon équipe. Ces gens sont passionnés par leur travail, intéressants et rigoureux. Ils ont un sens aigu de l'éthique du travail et se soucient du bien-être des animaux. En plus, ils font de très bons fromages ! »

Marc-Alexandre Mercier est chef copropriétaire du restaurant Hôtel Herman, *ouvert en 2012. Situé sur le boulevard Saint-Laurent à Montréal, celui-ci propose une cuisine gastronomique québécoise et contemporaine à base de produits locaux et de saison.*

LE D'IBERVILLE

[02]

Ce fromage a été baptisé ainsi en l'honneur de Pierre Le Moyne d'Iberville. Cet homme de guerre s'illustra notamment en reprenant aux Britanniques les établissements français de la baie d'Hudson en 1694 et de la Guadeloupe en 1706. Son nom fut ensuite donné à la municipalité de Saint-Athanase-d'Iberville, aujourd'hui Saint-Jean-sur-Richelieu.

TEMPS D'AFFINAGE : 2 mois
TEXTURE : Semi-ferme à molle
COULEUR DE LA PÂTE : Ivoire à jaune pâle
CROÛTE : Lavée-mixte
SAVEUR : Florale, herbacée, lactique

HÔTEL HERMAN

MARC-ALEXANDRE MERCIER

D'IBERVILLE, CHOU-FLEUR, CROÛTONS, TRUFFES

Pour 4 personnes

INGRÉDIENTS

[01 **PURÉE DE CHOU-FLEUR**]

½ chou-fleur
30 ml (2 c. à soupe) d'huile de canola
60 ml (¼ tasse) de crème
Sel et poivre

[02 **CROÛTONS**]

4 tranches de mie de pain de campagne, coupées en dés
30 ml (2 c. à soupe) d'huile de canola
Sel et poivre

[03 **CHOU-FLEUR RÔTI**]

1 chou-fleur, entier ou coupé en 2 ou en 4, au goût
80 ml (⅓ tasse) d'huile de canola
80 ml (⅓ tasse) de beurre
250 g de D'Iberville, tranché finement
Sel et poivre

[**MONTAGE**]

Truffe fraîche, au goût

PRÉPARATION

[01] Dans une casserole, chauffer l'huile et y faire suer le chou-fleur. Couvrir et poursuivre la cuisson à feu doux pendant 15 à 20 minutes ou jusqu'à ce qu'il soit tendre. Assaisonner de sel et de poivre. Au besoin, ajouter un peu d'eau afin d'éviter la coloration.

À l'aide d'un mélangeur, réduire en purée lisse avec la crème. Passer au tamis fin. Rectifier l'assaisonnement.

[02] Préchauffer le four à 180 °C (350 °F).

Déchirer la mie de pain pour former des morceaux de 1 à 2 cm. Dans une poêle, chauffer l'huile et y faire revenir le pain. Assaisonner de sel et de poivre. Poursuivre la cuisson au four en remuant de temps à autre jusqu'à ce que les croûtons soient dorés et croustillants. Réserver.

[03] Préchauffer le four à 180 °C (350 °F).

Dans une grande poêle, chauffer l'huile et y déposer le chou-fleur. Assaisonner de sel et de poivre. Lorsque l'une des surfaces commence à se colorer, retourner et ajouter le beurre. Arroser le chou-fleur jusqu'à ce qu'il soit bien caramélisé.

Recouvrir le chou-fleur avec le D'Iberville et poursuivre la cuisson au four jusqu'à ce que le fromage soit fondu.

[**MONTAGE**] Disposer le chou-fleur dans une assiette de service s'il est servi entier ou les morceaux dans des assiettes individuelles. Accompagner de quelques points de purée de chou-fleur et garnir de croûtons et de truffe fraîche râpée.

FOURQUET FOURCHETTE

ALEXANDRE AUCLAIR ET
SHANE SLUCHINSKI

GOUGÈRES AU D'IBERVILLE

Pour 12 grosses gougères ou 24 petites

INGRÉDIENTS

[01 GOUGÈRES]

125 ml (½ tasse) d'eau
30 ml (2 c. à soupe) de beurre
1 pincée de sel
125 ml (½ tasse) de farine blanche tamisée (80 g)
2 œufs
250 ml (1 tasse) de D'Iberville (la croûte), râpé (100 g)
1 pincée de muscade
Sel et poivre

[02 FARCE (SAUCE MORNAY)]

500 ml (2 tasses) de lait
30 ml (2 c. à soupe) de beurre
30 ml (2 c. à soupe) de farine
1 pincée de noix de muscade, râpée
1 jaune d'œuf
125 ml (½ tasse) de D'Iberville (le centre), coupé en dés (50 g)
60 ml (¼ tasse) de ciboulette, ciselée
Sel et poivre

[MONTAGE]

Roquette
Huile d'olive extra-vierge
Sumac*
Fleur de sel

[NOTA] *Le sumac est une épice fruitée, au goût acidulé mais délicat, qui a tendance à s'abîmer à la cuisson sous l'effet de la chaleur. On déconseille donc de trop le faire cuire. Son goût citronné fait qu'il peut remplacer le citron ou la citronnelle dans de nombreuses recettes. Il parfume les fruits de mer et le poisson, les salades, la volaille et la viande.*

PRÉPARATION

[01] Préchauffer le four à 200 °C (400 °F) et tapisser une plaque de cuisson de papier-parchemin. Dans une casserole, porter à ébullition l'eau, le beurre et le sel.

Hors du feu, ajouter la farine d'un seul coup. Mélanger énergiquement à l'aide d'une cuillère en bois. Remettre sur feu doux et continuer de battre pour dessécher la pâte, pendant au moins 1 minute, ou jusqu'à ce qu'elle soit homogène et se détache des parois de la casserole.

Retirer du feu et incorporer les œufs, un à la fois, en mélangeant bien entre chaque addition jusqu'à ce que la pâte soit lisse et homogène. Incorporer le fromage et la muscade. Assaisonner de sel et de poivre.

À l'aide de 2 cuillères ou d'une poche à pâtisserie, former sur la plaque des boules d'environ 2,5 cm (1 po) de diamètre pour une entrée et de 1,25 cm (½ po) pour des bouchées.

Cuire les gougères au centre du four environ 30 minutes ou jusqu'à ce qu'elles soient dorées. Réserver.

[02] Dans une petite casserole, porter le lait à ébullition.

Dans une autre petite casserole, faire fondre le beurre à feu doux. Ajouter la farine et bien mélanger à l'aide d'un fouet. Cuire à feu doux quelques minutes sans laisser brunir.

Lorsque le lait est bouillant, verser sur le mélange de beurre et de farine et fouetter jusqu'à ce que le mélange soit lisse. Laisser cuire la béchamel à feu doux pendant environ 10 minutes pour enlever le goût de farine.

Ajouter la muscade et assaisonner de sel et de poivre. Incorporer le jaune d'œuf et poursuivre la cuisson 2 minutes en remuant constamment.

Ajouter le fromage et la ciboulette et bien mélanger jusqu'à ce que la sauce soit lisse et homogène. Transférer la sauce Mornay dans un bol, couvrir d'une pellicule de plastique directement sur la sauce et laisser tempérer.

[MONTAGE] Préchauffer le four à 180 °C (350 °F).

Faire un trou sur le côté de chaque gougère. À l'aide d'une poche à pâtisserie ou d'une petite cuillère, farcir les gougères avec la sauce Mornay.

Cuire les gougères pendant 6 à 8 minutes ou jusqu'à ce qu'elles soient bien chaudes.

Servir accompagné d'une salade de roquette assaisonnée d'huile d'olive, de fleur de sel et de sumac.

LE SAMUEL

JONATHAN LANCIAULT

CRETONS AU FOIE GRAS ET AU D'IBERVILLE, SERVIS CHAUD SUR BAGUETTE AU LEVAIN

Pour 4 personnes

INGRÉDIENTS

[01 **CRETONS**]

30 ml (2 c. à soupe) de beurre
1 oignon, haché
1 gousse d'ail, hachée finement
½ lb (225 g) de porc haché
2 ml (½ c. à thé) de cannelle
2 ml (½ c. à thé) de clou de girofle
1 ml (¼ c. à thé) de muscade fraîchement moulue
250 ml (1 tasse) de lait
¼ lb (112 g) de foie gras de canard cru
60 ml (¼ tasse) de chapelure
250 ml (1 tasse) de D'Iberville, coupé en cubes (100 g)
Sel et poivre

Baguette au levain

PRÉPARATION

[01] Dans une poêle, faire fondre le beurre et y faire suer l'oignon et l'ail. Ajouter le porc haché, les épices et le lait.

Poursuivre la cuisson en mélangeant régulièrement jusqu'à ce que le lait soit réduit de moitié et la viande cuite.

Hors du feu, incorporer le foie gras et la chapelure.

À l'aide d'un robot culinaire, réduire en purée grossière.

Incorporer délicatement le fromage.

Servir chaud avec du pain au levain.

LA MAISON CHEZ NOUS

DANIEL LACROIX

FONDANT D'IBERVILLE À LA WALDORF

Pour 4 à 6 personnes

INGRÉDIENTS

[01 POMMES SÉCHÉES]

2 pommes rouges ou vertes

[02 SALADE WALDORF]

3 pommes, pelées et coupées en dés
500 ml (2 tasses) de céleri-rave, pelé et râpé (environ 200 g)
125 ml (½ tasse) de graines de citrouille (100 g)
60 ml (¼ tasse) de mayonnaise
45 ml (3 c. à soupe) de persil haché
45 ml (3 c. à soupe) de ciboulette ciselée
Sel et poivre

[MONTAGE]

2 pommes, épépinées et tranchées finement
Mini-roquette

8 à 12 tranches de D'Iberville

PRÉPARATION

[01] Préchauffer le four à 75 °C (170 °F).

À l'aide d'un couteau ou d'une mandoline, trancher finement les pommes et les répartir sur une plaque de cuisson tapissée d'une feuille de papier-parchemin.

Laisser la porte du four légèrement ouverte et déshydrater pendant 5 à 6 heures ou utiliser un déshydrateur. Réserver.

[02] Dans un bol, mélanger tous les ingrédients. Assaisonner de sel et de poivre. Réserver.

[MONTAGE] Préchauffer le four à 180 °C (350 °F).

Former des étagés avec les pommes fraîches, les pommes séchées et le D'Iberville. Faire fondre au four pendant 2 à 3 minutes.

Servir avec la salade Waldorf et la mini-roquette.

LES TROIS PETITS BOUCHONS

AUDREY DUFRESNE

GRILLED CHEESE AU D'IBERVILLE

Pour 4 personnes

INGRÉDIENTS

[01 **MARMELADE DE BACON**]

½ lb (225 g) de bacon, coupé en petits dés
1 gros oignon, haché finement
250 ml (1 tasse) de vinaigre balsamique blanc
15 ml (1 c. à soupe) de sirop d'érable
10 ml (2 c. à thé) de mélasse
15 ml (1 c. à soupe) de cassonade
15 ml (1 c. à soupe) de graines de moutarde
125 ml (½ tasse) d'eau
1 pincée de sel

[02 **ENDIVES BRAISÉES AU CIDRE DE GLACE**]

2 endives coupées en deux sur la longueur
30 ml (2 c. à soupe) de beurre
125 ml (½ tasse) de cidre de glace
80 ml (⅓ tasse) d'eau
Sel et poivre

[03 **GRILLED CHEESE**]

8 tranches de pain brioché
60 ml (¼ tasse) de beurre, ramolli
60 ml (¼ tasse) de miel crémeux d'Anicet
12 tranches de D'Iberville de 5 mm d'épaisseur
250 ml (1 tasse) de marmelade de bacon
1 pomme, coupée en dés

[04 **SALADE FRAÎCHE D'ENDIVES ET DE POMMES**]

4 endives jaunes, effeuillées
1 endive rouge, effeuillée
2 pommes Royal Gala, en lamelles
30 ml (2 c. à soupe) d'huile d'olive
Sel et poivre

PRÉPARATION

[01] Dans une casserole, à feu doux, cuire le bacon et l'oignon, en remuant de temps en temps, jusqu'à ce que le bacon soit doré. Ajouter le reste des ingrédients et laisser mijoter à feu doux jusqu'à l'obtention d'une texture compotée. Saler légèrement et laisser tiédir.

[02] Dans une poêle, chauffer le beurre et y faire dorer les endives, face coupée vers le bas.

Assaisonner de sel et de poivre.

Déglacer au cidre de glace et ajouter l'eau. Laisser réduire jusqu'à ce que les endives soient tendres et que le liquide les nappe.

Vous pouvez monter cette sauce au beurre en y incorporant, en fouettant, 15 ml (1 c. à soupe) de beurre froid.

[03] Beurrer un côté des tranches de pain. Garnir les faces non beurrées avec le miel, trois tranches de d'Iberville, la marmelade de bacon et quelques dés de pomme. Refermer les sandwiches et griller dans une poêle.

[04] Dans un bol, mélanger tous les ingrédients.

Accompagner les sandwiches des endives braisées et de la salade fraîche d'endives et de pommes.

PASTAGA

MARTIN JUNEAU

TARTIFLETTE AU D'IBERVILLE ET AU BOUILLON DE BACON

Pour 4 à 6 personnes

INGRÉDIENTS

[01 TARTIFLETTE]

1 lb (450 g) de bacon non tranché
2 oignons espagnols, tranchés
2 gousses d'ail, hachées
1 grosse carotte, tranchée
½ botte de thym
6 grosses pommes de terre Yukon Gold, tranchées finement
1 morceau de 200 g de D'Iberville, coupé en deux à l'horizontale
Sel et poivre

PRÉPARATION

[01] Préchauffer le four à 180 °C (350 °F).

Dans une poêle, faire dorer le morceau de bacon sur toutes ses faces. Ajouter un oignon, l'ail, la carotte et le thym. Ajouter de l'eau pour couvrir à la hauteur de la viande.

Poursuivre la cuisson au four à couvert pendant environ 1 heure. Retirer le couvercle et continuer la cuisson à 200 °C (400 °F) ou jusqu'à ce que la viande soit tendre et se défasse à la fourchette.

Laisser tempérer et effilocher.

[MONTAGE] Préchauffer le four à 180 °C (350 °F).

Dans un plat de cuisson, alterner des couches de pommes de terre, de bacon effiloché et d'oignons. Couvrir de D'Iberville, face coupée vers le bas, et poursuivre la cuisson au four pendant 30 minutes ou jusqu'à ce que les pommes de terre soient tendres et le fromage doré.

JASON NELSONS

TARTELETTES AUX POIREAUX ET AUX TOPINAMBOURS

Pour 4 personnes

INGRÉDIENTS

[01 PÂTE BRISÉE]

1,25 l (5 tasses) de farine (500 g)
5 ml (1 c. à thé) de sel
250 ml (1 tasse) de beurre (225 g)
2 œufs
45 ml (3 c. à soupe) d'eau froide

[02 APPAREIL À TARTELETTES]

15 ml (1 c. à soupe) de beurre
2 poireaux, hachés finement
1 oignon, haché finement
2 gousses d'ail, hachées finement
125 ml (½ tasse) de cidre ou de vin blanc
250 ml (1 tasse) de D'Iberville, coupé en cubes (175 g)
250 ml (1 tasse) de crème 35 %
8 topinambours pelés, coupés en dés et cuits à l'anglaise
500 ml (2 tasses) de feuilles de bette à carde ou d'épinards ciselées (100 g)
Piment Gorria* ou d'Espelette, au goût
Sel et poivre

[03 ARMILLAIRES DE MIEL POÊLÉES]

500 ml (2 tasses) d'armillaires de miel (140 g)
30 ml (2 c. à soupe) de beurre ou d'huile de cameline
Sel et poivre

[MONTAGE]

250 ml (1 tasse) de Gré des Champs, sans la croûte, râpé (200 g)

[NOTA] *Le piment Gorria est une variété servant à la production du piment d'Espelette, appellation d'origine contrôlée (AOC). La ferme Au fil du vent, située à Saint-Jacques-le-Mineur, produit un piment séché de variété Gorria, dit d'Espelette.*

PRÉPARATION

[01] Dans un bol, mélanger la farine, le sel et le beurre jusqu'à l'obtention d'une texture sablée.

Former un puits au centre de la pâte. Ajouter les œufs et l'eau et mélanger pour former une boule.

Envelopper d'une pellicule de plastique et laisser reposer au réfrigérateur pendant 1 heure.

Abaisser dans des moules individuels et piquer les fonds de tartelette. Remettre au réfrigérateur pendant au moins 30 minutes.

Préchauffer le four à 200 °C (400 °F).

Cuire pendant 6 à 7 minutes. Retirer du four et réserver.

[02] Dans une poêle, faire fondre le beurre et y faire suer les poireaux et l'oignon. Ajouter l'ail et poursuivre la cuisson 1 minute.

Déglacer avec le cidre ou le vin blanc et laisser réduire des trois quarts.

Ajouter le D'Iberville, la crème et les topinambours. Poursuivre la cuisson quelques minutes jusqu'à ce que la sauce épaississe. Ajouter les feuilles de bette à carde et le piment Gorria.

[03] Dans une autre poêle, faire sauter les armillaires dans le beurre, assaisonner de sel et de poivre et ajouter à l'appareil à tartelettes.

[MONTAGE] Répartir l'appareil dans les fonds de tartelette et couvrir de Gré des Champs. Cuire au four jusqu'à ce que les tartelettes soient dorées.

LE MONNOIR

[03]

Le Monnoir tire son nom des anciennes terres de la seigneurie de Monnoir concédées, au début des années 1700, à l'officier Claude de Ramezay. Certains disent que « Monnoir » viendrait de « mont Noir », surnom donné au mont Saint-Grégoire en raison des épinettes et des sapins de couleur sombre qui s'y trouvent.

TEMPS D'AFFINAGE : 6 mois
TEXTURE : Ferme
COULEUR DE LA PÂTE : Jaune maïs (été), jaune pâle (hiver)
CROÛTE : Naturelle
SAVEUR : Beurre, noisettes torréfiées, caramel, fruitée

LE SAMUEL

JONATHAN LANCIAULT

SOUPE À L'OIGNON À LA BIÈRE NOIRE SEIGNEUR NOIR, CROÛTONS AU MONNOIR GRATINÉS

Pour 4 personnes

INGRÉDIENTS

[01 SOUPE À L'OIGNON]

30 ml (2 c. à soupe) d'huile de canola
4 oignons, émincés
500 ml (2 tasses) de bière noire Seigneur Noir
2 l (8 tasses) de fond de veau ou de bouillon de bœuf
3 gousses d'ail, hachées finement
5 brins de thym
1 feuille de laurier
45 ml (3 c. à soupe) de sirop d'érable

[02 CROÛTONS AU MONNOIR]

8 tranches de pain au levain
8 tranches de Monnoir

PRÉPARATION

[01] Dans une grande casserole, chauffer l'huile et y faire caraméliser les oignons à feu moyen.

Déglacer avec la bière et faire réduire presque à sec pendant environ 30 minutes.

Ajouter le fond de veau, l'ail, le thym et la feuille de laurier.

Poursuivre la cuisson et laisser réduire de moitié pendant environ 1 heure.

Ajouter le sirop d'érable et assaisonner de sel et de poivre. Réserver au chaud.

[02] Préchauffer le four à gril (broil).

Garnir les croûtons avec le Monnoir. Faire fondre au four et servir avec la soupe bien chaude.

PASTAGA

MARTIN JUNEAU

SOCCAS AU MONNOIR, PURÉE D'AVOCATS À L'HUILE D'OLIVE

Pour 12 crêpes

INGRÉDIENTS

[01 SOCCAS]

250 ml (1 tasse) de farine de pois chiche (environ 200 g)
310 ml (1 ¼ tasse) d'eau
60 ml (¼ tasse) d'huile d'olive
2 ml (½ c. à thé) de piment Gorria* ou d'Espelette
Sel

[02 PURÉE D'AVOCATS À L'HUILE D'OLIVE]

3 avocats mûrs
Jus de 1 citron
Un peu d'huile d'olive
Sel et poivre

[MONTAGE]

8 tranches de Monnoir (environ 300 g)

[NOTA] *Le piment Gorria est une variété servant à la production du piment d'Espelette, appellation d'origine contrôlée (AOC). La ferme Au fil du vent, située à Saint-Jacques-le-Mineur, produit un piment séché de variété Gorria, dit d'Espelette.*

PRÉPARATION

[01] Dans un bol, mélanger tous les ingrédients.

Dans une poêle antiadhésive, verser environ 60 ml (¼ tasse) de pâte et étendre en un cercle d'environ 10 cm (4 po). Cuire les soccas jusqu'à ce qu'elles soient dorées. Réserver au chaud.

[02] À l'aide d'un robot culinaire, réduire tous les ingrédients en purée grossière. Assaisonner de sel et de poivre. Réserver.

[MONTAGE] Préchauffer le four à 180 °C (350 °F).

Déposer les soccas sur une plaque de cuisson et garnir de Monnoir. Réchauffer au four pour faire fondre le fromage.

Au moment de servir, garnir de purée d'avocats.

HÔTEL HERMAN

MARC-ALEXANDRE MERCIER

MONNOIR, AGNOLOTTIS, TÊTE DE VEAU, POIS, TROMPETTES-DE-LA-MORT

Pour 4 personnes

INGRÉDIENTS

[01 **FARCE**]

½ tête de veau, ou 1 lb (450 g) d'une partie de votre choix : joues, jarrets, etc.
30 ml (2 c. à soupe) de gros sel
15 grains de poivre entier
2 feuilles de laurier
Eau, en quantité suffisante
40 g de Monnoir
15 ml (1 c. à soupe) de cerfeuil, haché
Sel et poivre

[02 **PÂTES**]

430 ml (1 ¾ tasse) de farine (200 g)
2 œufs
2 jaunes d'œufs
20 ml (4 c. à thé) d'huile d'olive
1 œuf battu

[03 **GARNITURES**]

250 ml (1 tasse) de pois frais ou congelés (110 g)
12 trompettes-de-la-mort
15 ml (1 c. à soupe) d'huile d'olive
80 ml (⅓ tasse) de beurre doux (non salé)
Jus de 1 citron
1 bouquet de cerfeuil
60 g de Monnoir, en copeaux

PRÉPARATION

[01] Dans une grande casserole, couvrir d'eau la tête, ajouter le gros sel, le poivre en grains et le laurier. Faire mijoter pendant 6 heures ou jusqu'à ce que la viande soit tendre et se défasse à la fourchette. Si la cervelle y est, la retirer après 15 minutes de cuisson. Retirer la viande et les parties de collagène de la tête en vous assurant de ne laisser aucun os.

Effilocher la viande très finement jusqu'à formation d'une pâte et ajouter le Monnoir et le cerfeuil haché. Assaisonner de sel et de poivre.

[02] Mélanger tous les ingrédients jusqu'à l'obtention d'une pâte homogène. Laisser reposer pendant 30 minutes à la température ambiante. À l'aide d'un laminoir, abaisser la pâte au numéro 5. Découper des rectangles de 40 × 3,8 cm (16 × 1,5 po). Mettre la farce dans une poche à pâtisserie munie d'une douille de petite taille. Au tiers inférieur, à tous les 1,27 cm (½ po), faire un petit amoncellement de farce. Replier la bande de pâte inférieure par-dessus la farce, tout en laissant un autre tiers (supérieur) libre. Presser la pâte entre chaque amoncellement de farce. Replier une autre fois jusqu'à la partie supérieure de la pâte. Presser de nouveau entre chaque boule de farce. Couper l'excédent de pâte avec une roulette de pâtissier, puis entre chaque section de farce.

Faire cuire les pâtes dans une généreuse quantité d'eau bouillante salée, jusqu'à ce qu'elles remontent à la surface.

[03] Blanchir les pois à l'eau bouillante salée pendant 20 secondes, puis refroidir à l'eau glacée. Réserver.

Faire suer légèrement les trompettes dans l'huile d'olive. Réserver.

Dans une casserole, faire fondre le beurre à feu doux et y ajouter les pois et environ 80 ml (½ tasse) d'eau de cuisson des pâtes. Ajouter le jus de citron et les pâtes et bien les enrober de sauce. Assaisonner au goût.

Garnir avec les trompettes, le cerfeuil et des copeaux de Monnoir.

FOURQUET FOURCHETTE

ALEXANDRE AUCLAIR ET
SHANE SLUCHINSKI

PAVÉS DE CERF, SAUCE GASTRIQUE AUX ABRICOTS, MONNOIR ET NOIX DE GRENOBLE RÔTIES

Pour 4 personnes

INGRÉDIENTS

[01 SAUCE GASTRIQUE AUX ABRICOTS]

15 ml (1 c. à soupe) de beurre
1 échalote, hachée finement
125 ml (½ tasse) d'abricots séchés (100 g)
125 ml (½ tasse) de sucre (100 g)
60 ml (¼ tasse) d'eau
125 ml (½ tasse) de vinaigre de xérès ou de vin rouge
125 ml (½ tasse) de fond de veau
Sel et poivre

[02 CERF]

4 pavés de cerf
30 ml (2 c. à soupe) de gras de canard
4 tranches épaisses de Monnoir (environ 120 g)

[MONTAGE]

80 ml (⅓ tasse) de noix de Grenoble rôties (80 g)

PRÉPARATION

[01] Dans une petite casserole, faire fondre le beurre et y faire suer l'échalote avec les abricots.

Ajouter le sucre et l'eau et laisser réduire jusqu'à l'obtention d'un caramel.

Déglacer avec le vinaigre et laisser réduire de moitié.

Ajouter le fond de veau et poursuivre la cuisson pendant 5 minutes ou jusqu'à ce que la sauce nappe le dos d'une cuillère.

[02] Sortir les pavés de cerf 1 heure à l'avance et les déposer sur une grille.

Dans une poêle, chauffer le gras de canard et y saisir les pavés 1 minute de chaque côté. Poursuivre la cuisson à feu moyen en arrosant les pavés avec le gras de canard jusqu'à la cuisson désirée.

Déposer les tranches de Monnoir sur les pavés et laisser reposer quelques minutes.

[MONTAGE] Au moment de servir, répartir la sauce au fond d'une assiette creuse, puis les pavés de cerf et garnir de noix de Grenoble.

LA MAISON CHEZ NOUS

DANIEL LACROIX

TIANS DE PINTADE CONFITE AU MONNOIR

Pour 4 personnes

INGRÉDIENTS

[01 PINTADE CONFITE]

4 cuisses de pintade
1 l (4 tasses) de gras de canard
1 oignon, pelé
4 clous de girofle
12 grains de poivre

[02 POIVRONS ROUGES GRILLÉS]

2 poivrons rouges

[03 TOMBÉE DE POIREAUX]

45 ml (3 c. à soupe) de beurre
2 blancs de poireau, émincés
Sel et poivre

[04 HUILE VERTE]

250 ml (1 tasse) d'huile d'olive
12 feuilles de basilic
½ botte de persil frisé
Zeste de 1 citron

[MONTAGE]

750 ml (3 tasses) de Monnoir, râpé (160 g)
1 tomate coupée en petits dés
Micro-verdure

PRÉPARATION

[01] Déposer les cuisses de pintade dans une grande casserole pour immerger complètement les cuisses dans le gras de canard fondu.

Ajouter l'oignon piqué de clous de girofle et les grains de poivre.

Porter à ébullition et laisser mijoter à feu doux pendant 4 heures ou jusqu'à ce que la chair se défasse de l'os. Retirer du feu et laisser refroidir.

Effilocher la viande et réserver.

[02] Déposer les poivrons rouges sur le barbecue et couvrir d'une feuille de papier d'aluminium. Rôtir les poivrons sur tous les côtés et les transférer dans un contenant hermétique. Refermer. Laisser tempérer pendant environ 25 minutes. Peler, épépiner et couper les poivrons en julienne. Réserver.

[03] Dans une poêle, faire fondre le beurre à feu doux et y faire suer les poireaux. Assaisonner de sel et de poivre et réserver.

[04] À l'aide d'un mélangeur, réduire tous les ingrédients en purée et passer au tamis fin. Réserver.

[MONTAGE] Préchauffer le four à 200 °C (400 °F).

Pour former les tians de pintade, à l'aide d'emporte-pièces, faire des étagés en superposant des couches de poivron, de chair de pintade, de poireau et de Monnoir. Répéter l'opération en terminant avec le Monnoir.

Cuire les tians au four pendant 12 à 15 minutes.

Au moment de servir, déposer le tian au milieu de l'assiette et retirer délicatement l'emporte-pièce. Parsemer de dés de tomate, de quelques gouttes d'huile verte et garnir de micro-verdure. Rectifier l'assaisonnement, au goût.

FROMAGERIE AU GRÉ DES CHAMPS

SUZANNE DUFRESNE

FONDUE JOHANNAISE

Pour 4 à 6 personnes

INGRÉDIENTS

[01 **FONDUE**]

625 ml (2 ½ tasses) de Gré des Champs, sans la croûte, râpé (250 g)
625 ml (2 ½ tasses) de Monnoir, sans la croûte, râpé (250 g)
625 ml (2 ½ tasses) de D'Iberville, sans la croûte, coupé en dés (250 g)
15 ml (1 c. à soupe) de farine non traitée (non blanchie)
375 ml (3 tasses) de vin blanc ou de cidre tranquille du Québec
2 gousses d'ail, pelées et écrasées
Poivre noir du moulin

[02 **ACCOMPAGNEMENTS**]

Pain artisanal, légèrement sec
Pommes et poires du Québec
Raisins rouges

PRÉPARATION

[01] Dans un grand bol, mélanger les fromages et la farine.

Frotter le caquelon avec les gousses d'ail et chauffer le vin jusqu'à frémissement. À feu moyen, incorporer, par petites portions, le fromage en remuant à l'aide d'une cuillère en bois jusqu'à ce que la préparation soit lisse et homogène.

Poivrer et servir avec les accompagnements.

JASON NELSONS

BEIGNETS DE POMMES AU MONNOIR

Pour environ 24 beignets

INGRÉDIENTS

[01 BEIGNETS]

500 ml (2 tasses) de farine (200 g)
80 ml (⅓ tasse) de fécule de maïs (50 g)
30 ml (2 c. à soupe) de poudre à lever (poudre à pâte)
5 ml (1 c. à thé) de cardamome, moulue
1 pincée de sel
250 ml (1 tasse) de Monnoir, sans la croûte, râpé (100 g)
125 ml (½ tasse) de sucre (100 g)
2 œufs
625 ml (2 ½ tasses) de pommes de reinette ou Cortland, râpées (380 g – environ 3 pommes moyennes)
125 ml (½ tasse) de cidre tranquille
30 ml (2 c. à soupe) de beurre fondu
Huile pour la friture

[02 CARAMEL]

125 ml (½ tasse) de beurre (100 g)
625 ml (2 ½ tasses) de cassonade (360 g)
310 ml (1 ¼ tasse) de crème 35 %
5 ml (1 c. à thé) de poivre noir ou chili

PRÉPARATION

[01] Dans un bol, mélanger la farine, la fécule de maïs, la poudre à lever, la cardamome, le sel et le Monnoir. Réserver.

Dans un autre bol, fouetter le sucre et les œufs pendant environ 10 minutes ou jusqu'à ce que le mélange blanchisse.

Essorer les pommes râpées pour retirer le maximum de liquide. Ajouter les pommes au mélange d'œufs avec le cidre.

Incorporer les ingrédients secs, puis le beurre fondu.

Faire chauffer l'huile de la friteuse à 180 °C (350 °F).

À l'aide d'une cuillère à crème glacée, former des beignets et laisser tomber dans la friteuse. Frire les beignets pendant environ 7 minutes en les retournant jusqu'à ce qu'ils soient dorés.

Transférer sur une plaque tapissée de papier absorbant pour retirer l'excédent de gras.

Saupoudrer de sucre si désiré et servir avec le caramel.

[02] Dans une casserole, à feu moyen, faire fondre le beurre et ajouter la cassonade.

Poursuivre la cuisson jusqu'à ce que le caramel soit bien doré et ajouter doucement la crème.

Porter de nouveau à ébullition et cuire jusqu'à ce que le thermomètre à bonbons indique 103 °C (217 °F) (environ 10 minutes).

Retirer du feu. Ajouter le poivre noir ou le chili.
Laisser le caramel refroidir complètement avant de l'utiliser.

JASON

NELSONS

« Pour moi, le bio est un reflet du respect du producteur pour la terre et ce qu'il cultive. C'est synonyme de vie.

J'aime cuisiner les produits du terroir qui sont récoltés dans les fermes familiales ou biologiques du Québec. La certification biologique me donne confiance en ces produits. En France, le chef restaurateur Marc Veyrat a d'ailleurs été l'un des pionniers dans la lutte en faveur d'une alimentation saine et biologique, cuisinant et dégustant les produits de sa récolte.

J'ai beaucoup voyagé et travaillé dans des restaurants en Haute-Savoie, en Italie et dans l'ouest du Canada. Lorsque j'étais en Italie, nous allions cueillir les truffes. Toute la région était remplie de ces arômes. Ici, les truffes ne font pas partie de notre terroir, mais il y a tant d'autres choses que nous cultivons !

Chaque week-end, je vais à la découverte de producteurs régionaux, d'artisans et de leurs produits, pour faire en sorte que mon menu change au gré des saisons, de la production des fermes artisanales et de mes envies ! Au *Renard Artisan Bistro*, j'ai souvent servi des fromages avec un miel bio. Par exemple, un chèvre un peu plus costaud en saveurs avec un chutney de sureau, une petite baie acidulée si savoureuse quand elle est cuite... »

Jason Nelsons a été chef propriétaire du Renard Artisan Bistro *de 2010 à 2015.*
Il poursuit présentement sa carrière à Toronto.

LE PONT BLANC

[04]

Le nom de ce fromage tire son origine du pont Gouin, situé à Saint-Jean-sur-Richelieu et autrefois construit en bois. À l'époque, les autorités faisaient appliquer de la chaux pour mieux le préserver, ce qui le rendait tout blanc et lui valut son surnom de « pont Blanc ».

TEMPS D'AFFINAGE : 15 jours
TEXTURE : Molle et légère
COULEUR DE LA PÂTE : Blanche
CROÛTE : Fleurie
SAVEUR : Beurre, légèrement acidulée, crème fraîche

LE SAMUEL

JONATHAN LANCIAULT

SAUMON FUMÉ, CROUSTILLANT AU QUINOA, MOUSSE AU PONT BLANC ET CHUTNEY AU CITRON

Pour 4 à 6 personnes

INGRÉDIENTS

[01 SAUMON FUMÉ]

60 ml (¼ tasse) de gros sel (60 g)
30 ml (2 c. à soupe) de cassonade
30 ml (2 c. à soupe) de sirop d'érable
4 baies de genièvre
2 brins de thym
1 feuille de laurier, hachée grossièrement
1 lb (450 g) de saumon avec la peau, très frais, de catégorie sushi
1 poignée de bois d'érable

[02 MOUSSE AU PONT BLANC]

1 Pont Blanc
60 ml (¼ tasse) de crème 35 %
Poivre

[03 CHUTNEY AU CITRON]

15 ml (1 c. à soupe) d'huile de canola
1 oignon, haché finement
2 citrons
250 ml (1 tasse) de sucre (100 g)

[04 CROUSTILLANT AU QUINOA]

45 ml (3 c. à soupe) de beurre, ramolli (50 g)
45 ml (3 c. à soupe) de miel (50 g)
45 ml (3 c. à soupe) de tahini (50 g)
45 ml (3 c. à soupe) de farine (50 g)
30 ml (2 c. à soupe) de graines de sésame (25 g)
30 ml (2 c. à soupe) d'avoine (25 g)
30 ml (2 c. à soupe) de quinoa (25 g)

[MONTAGE]

Micro-verdure

PRÉPARATION

[01] Mélanger le sel, la cassonade, le sirop d'érable, les baies de genièvre, le thym et le laurier.

Enrober le saumon avec ce mélange, couvrir d'une pellicule de plastique et réserver au réfrigérateur pendant 24 heures.

Rincer à l'eau froide et laisser sécher 4 heures au réfrigérateur.

Utiliser un fumoir à froid et fumer selon les instructions du fabricant.

Trancher finement. Réserver.

[02] À l'aide d'un mélangeur, fouetter le Pont Blanc jusqu'à ce qu'il soit crémeux. Ajouter la crème et continuer de fouetter jusqu'à ce que le mélange soit homogène. Assaisonner de sel et de poivre.

[03] Dans une casserole, chauffer l'huile et y faire suer l'oignon.

Prélever les suprêmes des citrons. Ajouter à la casserole avec le sucre. Poursuivre la cuisson jusqu'à épaississement pendant environ 25 minutes.

Laisser refroidir complètement avant d'utiliser.

[04] Préchauffer le four à 180 °C (350 °F) et tapisser une plaque de cuisson de papier-parchemin.

Dans un bol, crémer le beurre. Incorporer le restant des ingrédients.

Répartir sur la plaque de cuisson à une épaisseur de 0,5 cm et faire dorer au four pendant environ 10 minutes.

Laisser refroidir 1 heure et casser en morceaux.

[MONTAGE] Former des quenelles avec la mousse au Pont Blanc et répartir sur une assiette avec le saumon fumé et le croustillant au quinoa. Garnir avec le chutney au citron et quelques feuilles de micro-verdure.

LES TROIS PETITS BOUCHONS

AUDREY DUFRESNE

DATTES SURPRISES (FARCIES AU PONT BLANC)

Pour 12 dattes surprises

INGRÉDIENTS

[01 DATTES AU PONT BLANC]

12 dattes Medjool, coupées en deux sur la longueur et dénoyautées
60 ml (¼ tasse) de vin blanc
1 échalote, hachée finement
1 Pont Blanc, tempéré
2 brins de thym, effeuillés et hachés

[02 ESPUMA AUX POIS VERTS, BACON ET ESTRAGON]

2 tranches de bacon
1 petite échalote, hachée finement
1 brin de thym, effeuillé et haché finement
60 ml (¼ tasse) de vin blanc
250 ml (1 tasse) de lait
250 ml (1 tasse) de crème 35 %
250 ml (1 tasse) de pois verts surgelés, décongelés (110 g)
2 brins d'estragon

[03 TEMPURA]

250 ml (1 tasse) de farine (115 g)
15 ml (1 c. à soupe) de poudre à lever (poudre à pâte)
250 ml (1 tasse) d'eau glacée

[MONTAGE]

12 tranches de prosciutto
Réduction de vinaigre balsamique
Pacanes caramélisées, concassées
Pousses d'hakarachi ou de moutarde mizuna
Huile d'olive extra-vierge
Sel et poivre
Huile pour la friture

PRÉPARATION

[01] Dans une casserole, porter à ébullition le vin blanc et l'échalote et réduire à sec. Laisser refroidir.

À l'aide d'un batteur électrique, mélanger le fromage, l'échalote et le thym jusqu'à ce que la préparation soit onctueuse. Ajouter un peu de crème si nécessaire. Assaisonner de sel et de poivre. Farcir les dattes avec le mélange de Pont Blanc.

Réserver.

[02] Dans une casserole, à feu moyen, cuire le bacon avec l'échalote et le thym jusqu'à ce qu'ils soient légèrement dorés.

Déglacer avec le vin blanc et réduire à sec. Ajouter le lait et la crème et laisser mijoter pendant 30 minutes à feu très doux.

Passer au tamis fin. Ajouter les pois verts et l'estragon. À l'aide d'un mélangeur, réduire en purée très lisse. Passer de nouveau au tamis fin.

Verser dans un siphon et charger d'une cartouche.
Réserver au réfrigérateur.

[03] Dans un bol, à l'aide d'un fouet, mélanger la farine, la poudre à lever et l'eau glacée.

[MONTAGE] Préchauffer l'huile de la friteuse à 180 °C (350 °F).

Déposer deux tranches de prosciutto dans chaque assiette.

Tremper les dattes farcies dans la pâte à tempuras et frire jusqu'à ce qu'elles soient croustillantes et dorées. Transférer sur une plaque tapissée d'un papier absorbant.

Mettre l'espuma aux pois verts sur chaque tranche de prosciutto et déposer deux dattes à côté.

Parsemer de pousses assaisonnées d'huile d'olive, de sel, de poivre et de noix concassées.

Arroser avec quelques gouttes de réduction de vinaigre balsamique.

Au moment de déguster, rouler le prosciutto autour de la datte et mordre à belles dents.

FOURQUET FOURCHETTE

ALEXANDRE AUCLAIR ET
SHANE SLUCHINSKI

PÂTÉ CHINOIS RÉINVENTÉ : PORC BRAISÉ, PURÉE DE POMMES DE TERRE YUKON GOLD AU PONT BLANC, GALETTES DE MAÏS

Pour 4 à 6 personnes

INGRÉDIENTS

[01 BRAISÉ DE PORC*]

2 lb (1 kg) d'épaule de porc
2 gousses d'ail, coupées en deux
30 ml (2 c. à soupe) de moutarde de Dijon
1 oignon, haché
1 feuille de laurier
500 ml (2 tasses) de bouillon de poulet ou de vin blanc
Sel et poivre

[02 PURÉE DE POMMES DE TERRE AU PONT BLANC]

1 l (4 tasses) de pommes de terre Yukon Gold, pelées et coupées en cubes
30 ml (2 c. à soupe) de beurre
125 ml (½ tasse) de lait
1 Pont Blanc
Persil et ciboulette hachés finement, au goût
Sel et poivre

[03 GALETTES DE MAÏS]

310 ml (1 ¼ tasse) de farine tout usage (150 g)
125 ml (½ tasse) de lait
2 œufs (les jaunes et les blancs séparés)
250 ml (1 tasse) de maïs en grains (110 g)
30 ml (2 c. à soupe) d'huile végétale
Sel et poivre

[NOTA] *Vous pouvez également réduire le jus de cuisson du porc de moitié et servir en accompagnement.*

PRÉPARATION

[01] Préchauffer le four à 150 °C (300 °F). Piquer l'ail dans l'épaule de porc et badigeonner avec la moutarde de Dijon. Saler et poivrer.

Déposer l'épaule dans une petite rôtissoire avec l'oignon et le laurier. Ajouter le liquide et ajuster la quantité si nécessaire. Le liquide doit couvrir le ⅓ de la pièce de viande. Couvrir la rôtissoire et cuire au four pendant environ 3 heures ou jusqu'à ce que la viande se défasse à la fourchette. Réserver.

[02] Dans une casserole d'eau salée, cuire les pommes de terre jusqu'à ce qu'elles soient très tendres. Égoutter. Réduire en purée avec le beurre, le lait, le fromage et les herbes. Saler et poivrer. Réserver.

[03] À l'aide d'un robot culinaire, mélanger la farine, le lait, les jaunes d'œufs et la moitié du maïs jusqu'à ce que la préparation soit lisse.

Monter les blancs d'œufs en pics très fermes et les incorporer délicatement à la pâte. Ajouter le restant du maïs. Assaisonner de sel et de poivre.

Dans une poêle antiadhésive, chauffer l'huile à feu moyen. Verser environ 60 ml (¼ tasse) de pâte au centre de la poêle et étendre légèrement pour former une galette d'environ 5 cm (2 po) de diamètre.

Faire dorer chaque côté pendant 1 à 2 minutes. Réserver.

[MONTAGE] Préchauffer le four à 180 °C (350 °F).

Sur une plaque de cuisson tapissée d'une feuille de papier-parchemin et à l'aide d'emporte-pièces d'environ 5 cm (2 po) de diamètre, former des étagés en mettant un peu de porc effiloché au fond, garnir d'une galette de maïs, puis de purée de pommes de terre.

Réchauffer pendant environ 10 minutes et servir.

LA MAISON CHEZ NOUS

DANIEL LACROIX

BISON BRAISÉ, LÉGUMES RACINES, PONT BLANC

Pour 4 personnes

INGRÉDIENTS

[01 **BISON BRAISÉ**]

45 ml (3 c. à soupe) d'huile
2 lb (1 kg) de bison (dans la cuisse), coupé en 4 morceaux
250 ml (1 tasse) de vin rouge
500 ml (2 tasses) de bouillon de bœuf
1 carotte, hachée
1 oignon, haché
2 branches de céleri, hachées
2 poireaux, hachés
2 brins de thym
12 grains de poivre
500 ml (2 tasses) d'eau
Sel et poivre

[02 **LÉGUMES RACINES**]

4 panais, pelés, coupés en bâtonnets
4 carottes avec les fanes, pelées, coupées en deux
4 pommes de terre, pelées, coupées en 2 ou en 4
4 oignons cipollinis, pelés
4 rabioles (navets blancs), pelées
45 ml (3 c. à soupe) de beurre
Sel et poivre

[**MONTAGE**]

4 quenelles de Pont Blanc
Persil haché

PRÉPARATION

[01] Préchauffer le four à 160 °C (325 °F).

Dans une poêle, chauffer l'huile et y faire dorer les morceaux de bison sur toutes les faces. Transférer dans une rôtissoire. Déglacer la poêle avec le vin rouge, ajouter le bouillon de bœuf et laisser mijoter quelques minutes. Verser sur la viande.

Ajouter le restant des ingrédients dans la rôtissoire et cuire au four pendant environ 4 heures ou jusqu'à ce que la viande se défasse à la fourchette.

[02] Blanchir tous les légumes séparément jusqu'à ce qu'ils soient tout juste al dente.

Dans une poêle, faire fondre le beurre et y faire dorer tous les légumes. Assaisonner de sel et de poivre.

[MONTAGE] Réchauffer le bison dans son jus de cuisson.

Servir les légumes et le bison dans des assiettes creuses. Garnir la viande d'une quenelle de Pont Blanc, de persil et arroser de jus de cuisson.

PASTAGA

MARTIN JUNEAU

PONT BLANC ENTIER AU FOUR, CRÈME FRAÎCHE MAISON, CIBOULETTE ET ÉCHALOTE

Pour 4 personnes

INGRÉDIENTS

[01 CRÈME FRAÎCHE MAISON]

250 ml (1 tasse) de crème 35 %
60 ml (¼ tasse) de yogourt grec
Jus de ½ citron

[02 PONT BLANC ENTIER AU FOUR]

1 Pont Blanc

[03 CROÛTONS GRILLÉS]

4 tranches de pain au levain
60 ml (¼ tasse) d'huile d'olive
Sel et poivre

[MONTAGE]

1 échalote, ciselée
½ botte de ciboulette, ciselée

PRÉPARATION

[01] Dans un bol, mélanger tous les ingrédients. Couvrir et laisser reposer à la température ambiante pendant 15 à 24 heures.

[02] Préchauffer le four à 180 °C (350 °F).

Dans un plat en terre cuite ou une assiette en métal allant au four, cuire le Pont Blanc pendant environ 10 minutes ou jusqu'à ce qu'il soit coulant.

[03] Préchauffer le four à 200 °C (400 °F). Badigeonner les croûtons d'huile d'olive et assaisonner de sel et de poivre. Griller les croûtons au four pendant environ 10 minutes ou jusqu'à ce qu'ils soient dorés.

[MONTAGE] Au moment de servir, garnir les croûtons de crème fraîche, d'échalote et de ciboulette. Servir avec le Pont Blanc.

HÔTEL HERMAN

MARC-ALEXANDRE MERCIER

PONT BLANC, TARTE AUX BLEUETS, THYM FRAIS

Pour 8 personnes

INGRÉDIENTS

[01 PÂTE SABLÉE]

250 ml (1 tasse) de beurre doux (non salé), ramolli (200 g)
250 ml (1 tasse) de sucre en poudre (150 g)
1 œuf entier
750 ml (3 tasses) de farine à pâtisserie (360 g)
2 ml (½ c. à thé) de sel

[02 GARNITURE AUX BLEUETS]

1,25 l (5 tasses) de bleuets (environ 800 g)
45 ml (3 c. à soupe) de sucre
15 ml (1 c. à soupe) de fécule de maïs

[MONTAGE]

1 Pont Blanc
5 ml (1 c. à thé) de feuilles de thym frais

PRÉPARATION

[01] À l'aide d'un batteur sur socle ou à main, battre le beurre et le sucre en poudre. Ajouter l'œuf et mélanger jusqu'à ce que la préparation soit lisse. Ajouter la farine tamisée et le sel. Mélanger jusqu'à l'obtention d'une pâte homogène.

Envelopper d'une pellicule de plastique et laisser reposer 1 heure au réfrigérateur.

Laisser tempérer légèrement la pâte et l'abaisser sur une surface enfarinée jusqu'à une épaisseur de 3 mm. Foncer un moule à tarte de 23 cm (9 po) et réserver au réfrigérateur pendant 30 minutes.

[02] Dans un grand bol, mélanger les bleuets, le sucre et la fécule. Réserver.

[MONTAGE] Préchauffer le four à 200 °C (400 °F).

Verser la garniture aux bleuets dans la croûte et cuire pendant environ 45 minutes. Si la croûte semble trop se colorer, la recouvrir d'un papier d'aluminium.

À la sortie du four, garnir la tarte avec des cuillerées de Pont Blanc et saupoudrer de feuilles de thym. Laisser reposer 15 minutes et servir.

JASON NELSONS

CRÈME GLACÉE AU PONT BLANC ET À L'ÉRABLE

Pour environ 1 litre (4 tasses) de crème glacée et 12 tuiles à l'érable

INGRÉDIENTS

[01 CRÈME GLACÉE AU PONT BLANC ET À L'ÉRABLE]

310 ml (1 ¼ tasse) de crème 35 %
250 ml (1 tasse) de lait
180 ml (¾ tasse) de sirop d'érable
1 Pont Blanc, coupé en cubes
5 jaunes d'œufs
45 ml (3 c. à soupe) de sucre
45 ml (3 c. à soupe) de liqueur d'érable Val Ambré

[02 TUILES À L'ÉRABLE]

60 ml (¼ tasse) de beurre (50 g)
80 ml (⅓ tasse) de sucre (75 g)
80 ml (⅓ tasse) de sirop d'érable
80 ml (⅓ tasse) de farine tout usage non traitée (non blanchie) (40 g)

PRÉPARATION

[01] Dans une casserole, chauffer la crème, le lait, le sirop d'érable et le fromage en remuant jusqu'à ce que le fromage soit fondu. Réserver.

Dans un bol, fouetter les jaunes d'œufs avec le sucre.

Verser la moitié du mélange de fromage sur les œufs et le sucre pour tempérer ces derniers, sans cesser de fouetter.

Remettre le mélange dans la casserole. Poursuivre la cuisson à feu doux en remuant jusqu'à ce que la crème épaississe et nappe le dos d'une cuillère, en évitant de porter à ébullition. Retirer du feu.

Transférer dans un bol. Couvrir d'une pellicule de plastique directement sur la crème et réserver au réfrigérateur pendant 3 heures ou jusqu'à ce que la crème soit froide.

Incorporer le Val Ambré et mettre à glacer dans une sorbetière.

[02] Placer la grille au centre du four.

Préchauffer le four à 180 °C (350 °F). Tapisser deux plaques de cuisson de papier-parchemin.

Dans une casserole, chauffer le beurre, le sucre et le sirop d'érable en remuant jusqu'à ce que le sucre soit dissous. Retirer du feu et laisser tiédir 2 minutes. Ajouter la farine en remuant à l'aide d'une cuillère en bois.

À l'aide d'une cuillère, déposer sur les plaques 15 ml (1 c. à soupe) de pâte par biscuit. Répartir 4 à 6 biscuits par plaque.

Cuire au four, une plaque à la fois, de 4 à 5 minutes, jusqu'à ce que les biscuits soient dorés. À la sortie du four, les laisser refroidir environ 2 minutes sur la plaque, puis les décoller avec une spatule. Alors qu'ils sont encore chauds, façonner les biscuits en tuiles, en tulipes ou en cigarettes. Réserver.

AUDREY

DUFRESNE

LES TROIS PETITS BOUCHONS

Montréal

« J'AI COMMENCÉ À TRAVAILLER DANS LES CUISINES DE RESTAURANT DÈS L'ÂGE DE 15 ANS, D'ABORD CHEZ CLAUDE PELLETIER, AU *CLUB CHASSE ET PÊCHE*, PUIS AU *BRONTË*, AU *PORTUS CALLE* ET AU *CUBE*.

J'ai aussi beaucoup voyagé, allant à la découverte de plats exotiques, d'épices et de saveurs nouvelles.

Pour moi, un fromage au lait cru reflète tout le travail et la passion de l'artisan, du producteur. Fondus, gratinés ou en desserts, je cuisine beaucoup avec les fromages : j'aime particulièrement le Pont Blanc, le D'Iberville, et l'Adjudant pour son côté crémeux et son beau sel.

Un de mes produits préférés est le miel, notamment celui de la ferme biologique *Miels d'Anicet*, située dans les Hautes-Laurentides. Le mariage du miel avec les fromages est tout simplement délicieux. Les côtés sucré et salé font en sorte que l'harmonie est parfaite ! »

Audrey Dufresne est chef propriétaire des Trois Petits Bouchons. *Ouvert en 2006, le restaurant, situé au cœur du Plateau Mont-Royal, propose une cuisine qui évolue au fil des saisons et met en valeur les produits du terroir.*

LE PÉNINGOUIN

[05]

Le nom de ce fromage vient de l'expression « penny and going » employée jadis par le propriétaire britannique de la seigneurie de Monnoir ayant remplacé le seigneur français. En échange d'un penny, il accordait alors le droit de passage aux voyageurs qui désiraient emprunter le rang Saint-Édouard. Les anciens de la région parlent encore du rang Saint-Édouard comme du « rang du Péningouin ».

TEMPS D'AFFINAGE : Non affiné
TEXTURE : Molle et fraîche
COULEUR DE LA PÂTE : Blanche
CROÛTE : Sans croûte
SAVEUR : Lactique, acidulée

LA MAISON CHEZ NOUS

DANIEL LACROIX

ÉTAGÉS DE PÉNINGOUIN ET DE TOMATES, HUILE VERTE CITRONNÉE

Pour 4 personnes

INGRÉDIENTS

[01 HUILE VERTE CITRONNÉE]

250 ml (1 tasse) d'huile d'olive
12 feuilles de basilic
½ botte de persil frisé
Zeste de 1 citron

[02 ÉTAGÉS DE PÉNINGOUIN ET DE TOMATES]

1 Péningouin coupé en 12 tranches
12 tranches de tomates
Fleur de sel et poivre du moulin
Quelques feuilles de basilic

PRÉPARATION

[01] À l'aide d'un mélangeur, réduire tous les ingrédients en purée et passer au tamis fin. Réserver.

[02] Former des étagés en alternant les tranches de tomates et de Péningouin.

Arroser les étagés d'huile verte. Assaisonner de fleur de sel et de poivre. Garnir de quelques feuilles de basilic.

LES TROIS PETITS BOUCHONS
AUDREY DUFRESNE

TARTARE DE THON AU PÉNINGOUIN

Pour 4 personnes

INGRÉDIENTS

[01 VINAIGRETTE SOYA-YUZU]

60 ml (¼ tasse) de yuzu
15 ml (1 c. à soupe) de sauce soya
2 ml (½ c. à thé) d'ail, haché finement
2 ml (½ c. à thé) de gingembre, haché finement
2 ml (½ c. à thé) de sambal oelek
90 ml (6 c. à soupe) d'huile de pépins de raisin

[02 TARTARE DE THON AU PÉNINGOUIN]

1 lb (450 g) de thon très frais, coupé en petits cubes
1 petite échalote, hachée
15 ml (1 c. à soupe) de ciboulette, ciselée
60 ml (¼ tasse) de vinaigrette soya-yuzu
½ Péningouin

[03 CRÈME AU YUZU]

60 ml (¼ tasse) de crème 35 %
5 ml (1 c. à thé) de yuzu

[MONTAGE]

Chips d'ail
Micro-pousses

PRÉPARATION

[01] Dans un bol, fouetter tous les ingrédients. Réserver au réfrigérateur.

[02] Dans un bol, mélanger le thon, l'échalote, la ciboulette et la vinaigrette. Mettre un peu plus de vinaigrette si le mélange n'est pas assez crémeux.

Ajouter le Péningouin émietté.

À l'aide d'un emporte-pièce, mouler le tartare sur des assiettes froides.

[03] Dans un bol, mélanger les ingrédients.

[MONTAGE] Accompagner de chips d'ail, d'une salade de micro-pousses et de crème au yuzu, au goût.

JASON NELSONS

CROQUETTES DE PÉNINGOUIN, BETTERAVES, RADIS MARINÉS, CRESSON ET BALSAMIQUE DE POMME

Pour 4 personnes

INGRÉDIENTS

[01 VINAIGRETTE]

125 ml (½ tasse) d'huile de tournesol biologique
30 ml (2 c. à soupe) de vinaigre de cidre
15 ml (1 c. à soupe) de moutarde à l'ancienne
10 ml (2 c. à thé) de sucre
Sel et poivre

[02 RADIS MARINÉS]

250 ml (1 tasse) de vinaigre de cidre
125 ml (½ tasse) d'eau
15 ml (1 c. à soupe) de sucre
2 feuilles de thé du Labrador
250 ml (1 tasse) de radis rouges, tranchés finement (environ 10 radis)
Sel et poivre

[03 CROQUETTES DE PÉNINGOUIN]

1 œuf
10 ml (2 c. à thé) d'eau
12 boules de Péningouin d'environ 2,5 cm (1 po) de diamètre
250 ml (1 tasse) de chapelure Panko, broyée
60 ml (¼ tasse) de farine (25 g)
15 ml (1 c. à soupe) de beurre
15 ml (1 c. à soupe) d'huile végétale

[MONTAGE]

Carminé ou vinaigre balsamique de pomme
1 botte de cresson
Pousses de betterave ou d'oseille
Ciboulette
Boutons de marguerite
Piment Gorria* ou d'Espelette
Betteraves cuites, pelées et tranchées

[NOTA] *Le piment Gorria est une variété servant à la production du piment d'Espelette, appellation d'origine contrôlée (AOC). La ferme Au fil du vent, située à Saint-Jacques-le-Mineur, produit un piment séché de variété Gorria, dit d'Espelette.*

PRÉPARATION

[01] Dans un bol, mélanger tous les ingrédients. Réserver.

[02] Porter à ébullition le vinaigre, l'eau, le sucre, les feuilles de thé du Labrador, le sel et le poivre. Laisser tiédir. Verser sur les radis.

Réserver au réfrigérateur.

[03] Dans un bol, battre l'œuf et l'eau. Réserver.

Verser la farine et la chapelure Panko séparément dans des assiettes creuses.

Enrober les boules de Péningouin de farine et secouer pour retirer l'excédent. À l'aide d'une fourchette, les tremper dans le mélange d'œuf et d'eau, puis enrober de chapelure Panko.

Tremper de nouveau dans le mélange liquide, puis dans la chapelure. Dans une poêle, faire fondre le beurre avec l'huile à feu moyen et y faire dorer les croquettes. Réserver.

[MONTAGE] Dessiner quelques traits de balsamique de pomme en fond d'assiette et y répartir quelques feuilles de cresson assaisonnées de vinaigrette.

Déposer quelques rondelles de betterave assaisonnées de vinaigrette et quelques tranches de radis marinés. Garnir de quelques pousses de betterave ou d'oseille et de boutons de marguerite.

Répartir les croquettes sur la salade. Garnir de ciboulette ciselée et de piment Gorria.

LE SAMUEL

JONATHAN LANCIAULT

SOUPE AUX PANAIS ET AUX POIRES CARAMÉLISÉES, PÉNINGOUIN FUMÉ ET PACANES CONCASSÉES

Pour 4 à 6 personnes

INGRÉDIENTS

[01 PÉNINGOUIN FUMÉ]

1 Péningouin
1 poignée de bois d'érable

[02 SOUPE AUX PANAIS ET AUX POIRES CARAMÉLISÉES]

45 ml (3 c. à soupe) de beurre
1 oignon espagnol, haché
6 panais, pelés et coupés en cubes
½ boîte de 796 ml de poires en conserve, dans un jus (non sucré)
30 ml (2 c. à soupe) de jus de poire
1 l (4 tasses) de fond de volaille
180 ml (¾ tasse) de crème 35 %
Sel et poivre

[MONTAGE]

30 ml (2 c. à soupe) de pacanes grillées, hachées grossièrement
Micro-pousses
Huile d'olive extra-vierge

[NOTA] *Vous pouvez improviser un fumoir en brûlant une poignée de copeaux de bois dans un cul-de-poule. Éteindre les flammes, déposer le fromage à côté des copeaux et couvrir avec un deuxième cul-de-poule pour fermer.*

PRÉPARATION

[01] *Fumer à froid le Péningouin entier pendant 15 minutes. Laisser reposer 15 minutes. Répéter l'opération une deuxième fois. Réserver.

[02] Dans une grande casserole, faire fondre le beurre et y faire suer l'oignon et les panais.

Ajouter les poires et le jus de poire. Cuire quelques minutes pour caraméliser. Ajouter le fond de volaille. Poursuivre la cuisson pendant environ 30 minutes ou jusqu'à ce que les légumes soient tendres.

À l'aide d'un mélangeur, réduire en purée lisse avec la crème. Assaisonner de sel et de poivre. Réserver au chaud.

[MONTAGE] Au moment de servir, verser la soupe dans une assiette creuse et garnir de morceaux de Péningouin fumé, de pacanes et de micro-pousses. Arroser d'un filet d'huile d'olive.

LES 400 COUPS

GUILLAUME CANTIN

PÉNINGOUIN FUMÉ AU FOIN D'ODEUR, CHICOUTAI, NOISETTES DU QUÉBEC, MOUTARDE, MIEL

Pour 4 personnes

INGRÉDIENTS

[01 PÉNINGOUIN FUMÉ AU FOIN D'ODEUR]

1 Péningouin coupé en 4
5 g de foin d'odeur (Jardins Sauvages – Saint-Roch-de-l'Achigan)*

[02 GEL FLUIDE AU CHICOUTAI]

250 ml (1 tasse) de chicoutai (environ 110 g)
80 ml (⅓ tasse) d'eau
20 ml (4 c. à thé) de miel
5 ml (1 c. à thé) d'agar-agar

[03 CHICOUTAI-MOUTARDE]

60 ml (¼ tasse) de gel fluide au chicoutai
5 ml (1 c. à thé) de moutarde sauvage
5 ml (1 c. à thé) de miel

[04 CRUMBLE D'AVOINE]

20 ml (4 c. à thé) de gras de canard
15 ml (1 c. à soupe) de cassonade
5 ml (1 c. à thé) de glucose*
80 ml (⅓ tasse) de flocons d'avoine (65 g)
25 ml (5 c. à thé) de farine tout usage non traitée (non blanchie)
2 ml (½ c. à thé) de sel

[05 VINAIGRETTE MIEL]

30 ml (2 c. à soupe) de miel
15 ml (1 c. à soupe) de verjus blanc

[MONTAGE]

Environ 20 noisettes du Québec, torréfiées, pelées et concassées (40 g)
3-4 champignons de Paris crus et fermes, tranchés finement
35-40 pousses de moutarde
Fleur de sel *Sels de Mer St. Laurent*

[NOTA] *Le foin d'odeur, une graminée poussant à l'état sauvage dans les régions nordiques, apporte des saveurs vanillées et herbacées. Il se trouve à l'étal de Jardins Sauvages au marché Jean-Talon. / Le glucose peut être substitué par du sirop de maïs blanc.*

PRÉPARATION

[01] Fumer à froid les morceaux de Péningouin, au foin d'odeur, pendant 20 minutes. Réserver au froid.

[02] Dans une casserole, porter à ébullition le chicoutai, le miel et l'eau. Hors du feu, à l'aide d'un fouet, ajouter en pluie l'agar-agar en mélangeant bien. Poursuivre la cuisson en fouettant pendant 1 minute.

Transférer dans un bol et couvrir d'une pellicule de plastique. Réserver le mélange au froid jusqu'à ce qu'il soit gélifié.

Couper en cubes grossiers.

À l'aide d'un mélangeur, réduire en purée lisse. Ajouter un peu d'eau si le gel est trop épais et du sucre, au goût. Passer au tamis fin.

[03] Mélanger le gel avec la moutarde sauvage et le miel. Assaisonner de sel, au goût. Réserver au froid.

[04] Préchauffer le four à 180 °C (350 °F).

Dans une casserole, faire fondre le gras de canard avec la cassonade et le glucose.

Ajouter le restant des ingrédients et bien mélanger.

Répartir sur une plaque de cuisson tapissée d'une feuille de papier-parchemin et cuire au four pendant 7 minutes.

Remuer et poursuivre la cuisson en vérifiant régulièrement jusqu'à ce que le crumble soit doré.

Laisser tempérer et réserver au sec dans un contenant hermétique.

[05] Dans un bol, mélanger le miel et le verjus. Réserver.

[MONTAGE] Au moment de servir, bien tempérer le fromage.

Avec les doigts, égrener chaque portion de fromage en 5-6 morceaux par assiette. Ajouter la purée de chicoutai-moutarde, le crumble d'avoine et les noisettes concassées. Répartir les tranches de champignons. Verser quelques gouttes de vinaigrette miel et garnir de pousses de moutarde. Assaisonner de fleur de sel.

FOURQUET FOURCHETTE

ALEXANDRE AUCLAIR ET
SHANE SLUCHINSKI

CRÉMEUX AU CHOCOLAT BLANC, AU PÉNINGOUIN ET AU YOGOURT, POÊLÉE DE PETITS FRUITS AU SIROP D'ÉRABLE ET AU SORTILÈGE

Pour 4 à 6 personnes

INGRÉDIENTS

[01 **CRÉMEUX AU CHOCOLAT BLANC**]

250 ml (1 tasse) de chocolat blanc, haché (150 g)
1 Péningouin, coupé en dés
125 ml (½ tasse) de crème 35 %
2 ml (½ c. à thé) d'extrait de vanille
125 ml (½ tasse) de yogourt grec

[02 **POÊLÉE DE PETITS FRUITS**]

375 ml (1 ½ tasse) de petits fruits (fraises coupées en 2 ou en 4, mûres, framboises, bleuets) (environ 350 g)
45 ml (3 c. à soupe) de sirop d'érable
30 ml (2 c. à soupe) de liqueur d'érable

PRÉPARATION

[01] Dans un bol, mettre le chocolat blanc avec la moitié du Péningouin. Réserver.

Dans une petite casserole, chauffer la crème et la vanille sans faire bouillir.

Quand la crème est chaude, verser sur le mélange de chocolat et de fromage. À l'aide d'un batteur électrique, battre jusqu'à ce que la préparation soit lisse et homogène. Incorporer le yogourt.

Répartir dans 4 ou 6 verrines et réfrigérer pendant 3 heures ou toute une nuit.

[02] Au moment de servir, chauffer une poêle à feu moyen-vif et verser les petits fruits. Cuire les fruits pendant environ 1 minute ou jusqu'à ce qu'ils commencent à rendre leur jus. Ajouter le sirop et la liqueur d'érable.

Répartir les fruits sur les verrines et garnir avec le restant du Péningouin.

PASTAGA

MARTIN JUNEAU

PANNACOTTA À LA VANILLE ET AU PÉNINGOUIN, MACÉRATION DE BAIES AU CIDRE

Pour 4 personnes

INGRÉDIENTS

[01 **PANNACOTTA**]

1 Péningouin, coupé en cubes
125 ml (½ tasse) de crème 35 %
125 ml (½ tasse) de lait
60 ml (¼ tasse) de sucre
1 gousse de vanille, fendue
2 feuilles de gélatine, ramollie

[02 **MACÉRATION DE BAIES AU CIDRE**]

250 ml (1 tasse) de cidre effervescent
125 ml (½ tasse) de sucre (100 g)
250 ml (1 tasse) de petits fruits (canneberges, gadelles, groseilles, cerises, fraises, framboises, mûres, amélanchier) (environ 250 g)

PRÉPARATION

[01] Dans une casserole, chauffer la crème avec le lait et le sucre et y faire fondre le Péningouin et la gélatine. Gratter les graines de la gousse fendue et ajouter au mélange de crème. Retirer du feu et répartir dans des coupes. Réserver au réfrigérateur pendant au moins 3 heures.

[02] Dans un bol, mélanger le cidre et le sucre. Ajouter les fruits et laisser macérer 24 heures.

Au moment de servir, garnir les pannacottas de la macération de baies au cidre.

TOQUÉ !

NORMAND LAPRISE

et Daniel Mongraw (pâtissier)

BISCUITS SPÉCULOOS, GLACE AU PÉNINGOUIN, ÉGLANTIER ET CAMOMILLE

Pour 6 personnes

INGRÉDIENTS

[01 GLACE AU PÉNINGOUIN]

(donne 750 ml ou 1 bol de Pacojet / sorbetière)

420 ml (1 ¾ tasse) de lait
135 g (⅔ tasse) de sucre
2 gousses de vanille, fendues
3 jaunes d'œufs
150 g de Péningouin

[02 BISCUITS SPÉCULOOS]

60 ml (¼ tasse) de beurre, ramolli
60 g (¼ tasse) de cassonade
60 g (¼ tasse) de noisettes, moulues
45 ml (3 c. à soupe) de farine
15 ml (1 c. à soupe) de cannelle
1 pincée de sel

[03 SUCRE À LA CAMOMILLE]

2 blancs d'œufs
2 c. à soupe de camomille en fleurs
135 g (⅔ tasse) de sucre
60 ml (¼ tasse) d'eau

[04 MOUSSE À LA CAMOMILLE]

3 c. à soupe de camomille en fleurs
2 c. à thé de sucre
60 ml (¼ tasse) d'eau bouillante
5 ml (1 c. à thé) de Versawhip 600K*

[05 PURÉE D'ÉGLANTIER]

625 ml (2 ½ tasses) de baies d'églantier* (300 g)
60 g (¼ tasse) de sucre

[NOTA] *Le Versawhip 600K est une protéine de soya qui permet de faire mousser les liquides. Il est disponible à La Guilde Culinaire. / Vous pouvez remplacer les baies d'églantier par n'importe quel fruit rouge.*

PRÉPARATION

[01] Dans une casserole, porter à ébullition le lait, le sucre et la vanille. Verser le liquide chaud sur les jaunes d'œufs en remuant vigoureusement à l'aide d'un fouet. Remettre ensuite la préparation sur le feu et cuire en remuant constamment jusqu'à ce que le mélange atteigne 82 °C (180 °F) ou qu'il nappe le dos d'une cuillère. Hors du feu, incorporer le fromage et réserver au réfrigérateur pendant 12 heures. Turbiner à l'aide d'une sorbetière.

[02] Préchauffer le four à 180 °C (350 °F) et tapisser une plaque de cuisson de papier-parchemin. Dans un bol, à l'aide d'un batteur électrique, battre en crème le beurre et la cassonade. Incorporer le restant des ingrédients jusqu'à l'obtention d'une pâte lisse. À l'aide d'un rouleau à pâtisserie, sur une surface enfarinée, abaisser la pâte à une épaisseur de 2,5 cm (1 po). À l'aide d'un emporte-pièce, découper des biscuits et les déposer sur la plaque. Cuire au four pendant 12 minutes en retournant la plaque à mi-cuisson.

[03] Dans un bol, mélanger les blancs d'œufs et la camomille. Dans une casserole, chauffer le sucre et l'eau à 130 °C (266 °F). Ajouter le mélange de blancs d'œufs et de camomille et remuer constamment jusqu'à ce que le mélange soit épais et que l'eau soit presque complètement évaporée. Transférer le mélange dans un bol et battre avec une cuillère en bois jusqu'à ce que le mélange cristallise. S'il reste de gros morceaux, les concasser à l'aide d'un moulin à épice.

[04] Dans un contenant résistant à la chaleur, mélanger la camomille et le sucre. Verser l'eau bouillante et laisser infuser environ 10 minutes. Passer l'infusion au tamis et laisser refroidir complètement. Ajouter le Versawhip et faire mousser à l'aide d'un batteur électrique. Couvrir d'une pellicule de plastique et réserver au réfrigérateur.

[05] Dans une casserole, cuire les baies et le sucre à feu doux pendant environ 20 minutes ou jusqu'à ce qu'elles rendent leur jus. À l'aide d'un mélangeur, réduire en purée et passer au tamis fin. Réserver.

[MONTAGE] Dans chaque assiette, déposer une quenelle de glace au Péningouin sur le biscuit spéculoos. À l'aide d'une poche à pâtisserie, disposer quelques points de purée d'églantier sur le biscuit et dans l'assiette. Faire un trait de mousse à la camomille sur le biscuit et la glace au Péningouin. Saupoudrer de sucre à la camomille.

GUILLAUME

CANTIN

LES 400 COUPS

Montréal

« Je tends à n'utiliser que des produits d'ici. C'est une obligation que je me crée. Je veux faire apprécier nos produits, créer des liens solides avec les producteurs artisans, discuter avec eux et faire en sorte que cela se reflète dans l'assiette.

J'ai commencé à travailler dans la restauration à l'âge de 15 ans, comme plongeur. Puis je me suis inscrit à une école de cuisine. La première journée, nous avons fait une étude des épices, et j'ai alors réalisé que j'avais une inclination pour les produits de la terre. J'ai su instinctivement que je serais dans mon élément.

Depuis que je suis à Montréal, je vais presque tous les jours au marché Jean-Talon. Je prends des centaines de notes sur les aliments, sur les saveurs, les arômes, et je m'y réfère régulièrement pour m'en inspirer en cuisine.

J'ai découvert les fromages de la ferme *Au Gré des Champs* lorsque je travaillais au *Panache* à Québec. Récemment, j'ai servi un carré de Gré des Champs tout juste fondu avec lardons, purée d'amélanchier, topinambour fumé, estragon et quelques branches de fenouil. »

Guillaume Cantin est chef aux 400 Coups. *Ouvert en 2010, le restaurant, situé dans le Vieux-Montréal, propose une cuisine raffinée qui privilégie les ingrédients locaux et les produits du terroir.*

LE FRÈRE CHASSEUR

[06]

Le Frère Chasseur rappelle le nom de la société secrète fondée par les Patriotes exilés aux États-Unis, parmi lesquels plusieurs étaient natifs d'Iberville. Cette organisation a été à l'origine du second soulèvement de 1838 dans le but de renverser le gouvernement colonial anglais et d'instaurer une république dans le Bas-Canada.

TEMPS D'AFFINAGE : 6 mois
TEXTURE : Ferme et souple
COULEUR DE LA PÂTE : Jaune maïs (été), jaune pâle (hiver)
CROÛTE : Lavée-mixte
SAVEUR : Fruits confits, notes torréfiées, caramel

FOURQUET FOURCHETTE

ALEXANDRE AUCLAIR ET
SHANE SLUCHINSKI

HUÎTRES FAÇON SOUPE À L'OIGNON À LA BIÈRE BLANCHE DE CHAMBLY GRATINÉES AU FRÈRE CHASSEUR

Pour 4 personnes

INGRÉDIENTS

24 huîtres, brossées et lavées
15 ml (1 c. à soupe) de gras de canard
1 oignon émincé
1 brin de thym, effeuillé
1 feuille de laurier
125 ml (½ tasse) de bouillon de bœuf
125 ml (½ tasse) de bière Blanche de Chambly
500 ml (2 tasses) de Frère Chasseur râpé (environ 200 g)
Sel et poivre du moulin

24 petits croûtons de pain concassés

PRÉPARATION

Dans une petite casserole, faire fondre le gras de canard et y attendrir l'oignon à feu moyen. Ajouter le thym, le laurier et le bouillon de bœuf. Laisser mijoter pendant environ 10 minutes. Ajouter la bière pour refroidir la soupe et assaisonner de sel et de poivre. Retirer la feuille de laurier. Réserver.

À l'aide d'un couteau à huîtres et d'un linge épais, ouvrir les huîtres et détacher les mollusques de leur coquille. Verser l'eau des huîtres dans la soupe.

Préchauffer le four à gril (broil).

Transférer les coquilles creuses sur une plaque de cuisson recouverte de sel pour stabiliser les coquilles. Garnir l'huître d'oignon, de bouillon et de Frère Chasseur. Faire gratiner.

Au moment de servir, garnir de croûtons concassés.

HÔTEL HERMAN

MARC-ALEXANDRE MERCIER

FRÈRE CHASSEUR, ASPERGES BLANCHES, GUANCIALE, FLEURS

Pour 4 personnes

INGRÉDIENTS

[01 **ASPERGES**]

24 asperges blanches

[02 **VINAIGRETTE**]

45 ml (3 c. à soupe) d'huile d'olive
1 échalote ciselée
2 tranches de guanciale, coupées en brunoise
Jus de 1 citron
30 ml (2 c. à soupe) de ciboulette ciselée

[**MONTAGE**]

12 tranches de guanciale (remplacer par du jambon au besoin)
12 à 16 rosettes de Frère Chasseur (160 g)
20 fleurs comestibles
Sel et poivre

PRÉPARATION

[01] Peler les asperges et couper la base trop fibreuse. Blanchir pendant environ 30 secondes.

Transférer dans un bol d'eau glacée pour arrêter la cuisson. Égoutter, puis trancher 18 asperges en tronçons de 4,5 cm (1,8 po) et le restant en rondelles de 1 cm (½ po). Réserver.

[02] Dans une poêle, chauffer l'huile et y faire suer l'échalote, sans coloration. Retirer du feu et ajouter la brunoise de guanciale, le jus de citron, les rondelles d'asperges et la ciboulette.

Réserver à la température ambiante.

[**MONTAGE**] Répartir les tronçons d'asperges dans les assiettes de façon aléatoire, se chevauchant les uns les autres.

Garnir avec les tranches de guanciale et les rosettes de Frère Chasseur.

Arroser avec la vinaigrette contenant les rondelles d'asperges.

Garnir de quelques fleurs comestibles et assaisonner de sel et de poivre.

LE SAMUEL

JONATHAN LANCIAULT

SALADE DE COPEAUX DE LÉGUMES, FRÈRE CHASSEUR, TEMPEH DE SOYA MARINÉ ET FRIT, AMANDES EFFILÉES, POIS GERMÉS, VINAIGRETTE À L'AVOCAT

Pour 4 à 6 personnes

INGRÉDIENTS

[01 **SALADE**]

2 carottes
8 asperges
4 radis
1 céleri

[02 **VINAIGRETTE**]

1 avocat
125 ml (½ tasse) d'huile d'olive
Jus de 2 limes
5 ml (1 c. à thé) de sauce épicée (sriracha ou sambal oelek)
80 ml (⅓ tasse) d'eau
Sel et poivre

[03 **TEMPEH DE SOYA**]

160 g de tempeh
250 ml (1 tasse) d'huile de canola
3 gousses d'ail, hachées finement
Jus de 2 citrons
10 brins de thym, hachés finement
30 ml (2 c. à soupe) de beurre
Sel et poivre

[**MONTAGE**]

Frère Chasseur, en copeaux (100 g)
45 ml (3 c. à soupe) d'amandes effilées, grillées
30 ml (2 c. à soupe) de pois germés

PRÉPARATION

[01] À l'aide d'une mandoline, faire des copeaux de légumes.

[02] À l'aide d'un mélangeur, réduire l'avocat en purée avec l'huile.

Ajouter le jus des 2 limes et la sauce épicée. Ajouter de l'eau jusqu'à l'obtention de la texture désirée. Assaisonner de sel et de poivre.

[03] Dans un bol, mélanger l'huile de canola, l'ail, le jus des 2 citrons et le thym. Assaisonner de sel et de poivre.

Verser sur le tempeh, couvrir d'une pellicule de plastique et faire mariner au réfrigérateur pendant 24 heures.

Égoutter et couper le tempeh en bâtonnets. Dans une poêle, faire fondre le beurre et y faire dorer le tempeh sur toutes ses faces.

Réserver au chaud.

[MONTAGE] Au moment de servir, mélanger les légumes, les amandes, les copeaux de Frère Chasseur, les pois germés et le tempeh.

Servir avec la vinaigrette.

LES TROIS PETITS BOUCHONS

AUDREY DUFRESNE

TORTELLINIS AU PÉNINGOUIN ET AU FRÈRE CHASSEUR, GRAVLAX DE TRUITE

Pour 4 personnes

INGRÉDIENTS

[01 GRAVLAX DE TRUITE]

1 lb (450 g) de filet de truite, avec la peau, sans les arêtes
125 ml (½ tasse) de sucre (100 g)
125 ml (½ tasse) de sel (100 g)
Zeste de 1 citron
5 ml (1 c. à thé) de graines de coriandre, grillées
5 ml (1 c. à thé) de graines de fenouil, grillées
60 ml (¼ tasse) de vodka
½ botte d'aneth

[02 TORTELLINIS AU PÉNINGOUIN ET AU FRÈRE CHASSEUR]

Pâtes fraîches
430 ml (1 ¾ tasse) de semoule de maïs très fine ou de farine (environ 200 g)
2 œufs
15 ml (1 c. à soupe) d'huile d'olive
60 ml (¼ tasse) d'eau

[03 FARCE]

1 Péningouin, tempéré
250 ml (1 tasse) de Frère Chasseur, râpé (environ 100 g)
125 ml (½ tasse) de ricotta
30 ml (2 c. à soupe) de crème 35 %
Sel et poivre

[04 SAUCE AU FRÈRE CHASSEUR]

Eau de cuisson des tortellinis
100 g de Frère Chasseur, râpé
15 ml (1 c. à soupe) de beurre
Sel et poivre

[05 SALSA DE BACON ET DE POMME GRANNY SMITH]

4 tranches de bacon, coupé en petits dés, cuit
1 pomme Granny Smith, coupée en dés
1 petite échalote, hachée finement
10 ml (2 c. à thé) d'huile de citron (facultatif)
5 ml (1 c. à thé) de vinaigre de miel ou de cidre
Sel et poivre

[MONTAGE]

8 œufs de caille, mollets
Ail des bois mariné, du commerce ou maison
Pain grillé

Directives de préparation à la page suivante →

PRÉPARATION

[01] Dans un bol, mélanger le sucre, le sel, le zeste, la coriandre et le fenouil.

Verser la moitié du mélange de sel au milieu d'une pellicule de plastique.

Déposer le filet de truite au centre. Arroser avec la vodka et recouvrir avec le restant du mélange de sel. S'assurer que tout le poisson est bien couvert avec le mélange. Couvrir avec l'aneth. Refermer la pellicule de plastique.

Transférer dans un plat ou une assiette et mettre un poids sur le poisson. Réfrigérer 24 heures.

Retirer la truite de la pellicule et la rincer à l'eau froide. Assécher avec du papier absorbant.

Découper huit cubes et réserver au réfrigérateur jusqu'au moment de servir.

[02] Dans un bol, mélanger tous les ingrédients. Pétrir la pâte pendant environ 10 minutes ou jusqu'à ce qu'elle soit lisse et élastique. Envelopper d'une pellicule de plastique et réserver au réfrigérateur.

[03] Dans un bol, mélanger tous les ingrédients.

[MONTAGE DES TORTELLINIS] À l'aide d'un laminoir ou d'un rouleau à pâtisserie, abaisser la pâte jusqu'à ce qu'elle soit très fine.

À l'aide d'un emporte-pièce, tailler des cercles de 2 po (5 cm) de diamètre. Déposer 5 ml (1 c. à thé) de farce au centre de chaque cercle.

À l'aide d'un pinceau, badigeonner le pourtour de la pâte avec un peu d'eau. Replier les cercles pour former des demi-lunes et bien sceller. Badigeonner les extrémités des demi-lunes avec un peu d'eau et les joindre en pressant pour former des tortellinis. Réserver.

[05] Dans un bol, mélanger tous les ingrédients.

[MONTAGE] Dans une casserole, à feu très doux, réchauffer les cubes de gravlax à l'huile d'olive tout juste pour les tiédir. Il ne faut pas cuire le poisson.

Cuire les tortellinis dans l'eau bouillante salée pendant 4 à 6 minutes ou jusqu'à ce qu'ils remontent à la surface. Pour la sauce au Frère Chasseur, dans une poêle, verser environ 80 ml (⅓ tasse) de l'eau de cuisson. Ajouter le Frère Chasseur et incorporer le beurre en fouettant. Ajouter les tortellinis. Assaisonner de sel et de poivre.

Dans une assiette, déposer 2 cubes de gravlax, 2 tortellinis et 2 œufs de caille. Garnir avec la salsa de bacon et de pomme et déposer quelques morceaux d'ail des bois. Servir avec du pain grillé.

LA MAISON CHEZ NOUS

DANIEL LACROIX

FLAMICHE AUX POIREAUX ET AU FRÈRE CHASSEUR

Pour 4 personnes

INGRÉDIENTS

[01 PÂTE BRISÉE]

750 ml (3 tasses) de farine tout usage (300 g)
125 ml (½ tasse) de beurre ramolli (100 g)
60 ml (¼ tasse) d'eau froide
2 ml (½ c. à thé) de sel

[02 APPAREIL À QUICHE]

45 ml (3 c. à soupe) de beurre
4 blancs de poireaux, émincés
4 jaunes d'œufs
250 ml (1 tasse) de Frère Chasseur, râpé (100 g)
8 rosettes de Frère Chasseur (250 g)
Sel et poivre

[MONTAGE]

Beurre fondu
Mini-roquette

PRÉPARATION

[01] Dans un bol, mélanger la farine, le sel et le beurre jusqu'à l'obtention d'une texture sablée. Ajouter l'eau et mélanger tout juste pour former une boule.

Abaisser la pâte et y découper des carrés de 7,5 cm × 7,5 cm (3 po × 3 po). Répartir sur une plaque tapissée d'une feuille de papier-parchemin et réserver au réfrigérateur.

[02] Préchauffer le four à 200 °C (400 °F).

Dans une poêle, faire fondre le beurre et y faire suer les poireaux. Transférer dans un bol et laisser refroidir complètement.

Incorporer les jaunes d'œufs et le Frère Chasseur râpé. Assaisonner de sel et de poivre. Répartir l'appareil sur la pâte.

Cuire au four pendant environ 10 minutes ou jusqu'à ce que les flamiches soient légèrement dorées. Garnir de rosettes de Frère Chasseur.

Au moment de servir, badigeonner de beurre fondu et garnir de mini-roquette.

PASTAGA

MARTIN JUNEAU

RISOTTO DE SEIGLE AU FRÈRE CHASSEUR

Pour 4 personnes

INGRÉDIENTS

[01 RISOTTO DE SEIGLE AU FRÈRE CHASSEUR]

45 ml (3 c. à soupe) de beurre ou d'huile de canola
250 ml (1 tasse) de grains de seigle trempés dans l'eau froide pendant 24 heures et égouttés (200 g)
1 oignon espagnol, haché finement
125 ml (½ tasse) de vin blanc
1 l (4 tasses) de bouillon de légumes, de bouillon de volaille ou d'eau bouillante
250 ml (1 tasse) de Frère Chasseur, râpé finement (environ 200 g)
15 ml (1 c. à soupe) de beurre
15 ml (1 c. à soupe) de crème 35 %
Sel et poivre

[02 OIGNONS BRÛLÉS]

12 oignons cipollinis (ou petits oignons doux), coupés en deux
30 ml (2 c. à soupe) d'huile d'olive
Sel et poivre

[MONTAGE]

Frère Chasseur, râpé finement, au goût
Mini-roquette ou mâche

PRÉPARATION

[01] Dans une poêle, faire fondre le beurre et y faire revenir le seigle et l'oignon. Ajouter le vin blanc et laisser réduire de moitié. Ajouter le bouillon, une louche à la fois et laisser absorber avant d'ajouter de nouveau du liquide. Poursuivre cette opération jusqu'à ce que le seigle soit al dente.

Ajouter le fromage, le beurre et la crème. Réserver au chaud.

[02] Dans une poêle, chauffer l'huile à feu vif et y faire rôtir les oignons. Poursuivre la cuisson à feu moyen-élevé en remuant pendant environ 15 minutes ou jusqu'à ce que les oignons soient tendres. Assaisonner de sel et de poivre.

[MONTAGE] Au moment de servir, garnir d'oignons brûlés, de Frère Chasseur râpé et de verdure.

JASON NELSONS

GRATIN DE POMMES DE TERRE ET DE RADIS NOIRS AU FRÈRE CHASSEUR

Pour 6 à 8 personnes

INGRÉDIENTS

2 lb (1 kg) de pommes de terre (environ 12 pommes de terre de taille moyenne, tranchées à la mandoline)
4 radis noirs de taille moyenne, pelés et tranchés un peu plus finement que les pommes de terre
750 ml (3 tasses) de crème 35 %
5 ml (1 c. à thé) de poudre d'ail
1 pincée de poivre boréal ou de muscade fraîchement râpée
1 l (4 tasses) de Frère Chasseur, râpé (environ 400 g)
Sel et poivre

PRÉPARATION

Préchauffer le four à 180 °C (350 °F).

Dans un grand bol, mélanger les pommes de terre, les radis noirs, la crème, l'ail et le poivre boréal ou la muscade. Assaisonner de sel et de poivre.

Dans un plat allant au four d'une contenance de 4 litres (16 tasses), alterner successivement des couches de mélange de pommes de terre et de Frère Chasseur. Répéter l'opération 4 fois.

Couvrir d'une feuille de papier d'aluminium et cuire au four pendant 1 heure.

Retirer le papier d'aluminium et poursuivre la cuisson pendant 25 minutes ou jusqu'à ce que le gratin soit doré.

TOQUÉ !

NORMAND LAPRISE

et Daniel Mongraw (pâtissier)

FRÈRE CHASSEUR ET PONT BLANC

Pour 6 personnes

INGRÉDIENTS

[01 CHANTILLY AU FOIN]

10 g de foin*
375 ml (1 ½ tasse) de crème 35 %
15 ml (1 c. à soupe) de sucre en poudre
1 pincée de sel

[02 CHOU-FLEUR RÔTI]

100 g de chou-fleur (un peu moins de ½ chou-fleur)
20 ml (4 c. à thé) d'huile d'olive
20 ml (4 c. à thé) de graines de cumin rôties, moulues
20 ml (4 c. à thé) de sucre
7 ml (1 ½ c. à thé) de sel

[03 GRAINES DE MOUTARDE MARINÉES]

45 ml (3 c. à soupe) de graines de moutarde
45 ml (3 c. à soupe) d'eau
45 ml (3 c. à soupe) de vinaigre de riz
45 ml (3 c. à soupe) de sucre
5 ml (1 c. à thé) de sel

[04 GEL FLUIDE AU VINAIGRE DE RIZ]

250 ml (1 tasse) d'eau
45 ml (3 c. à soupe) de sucre
5 ml (1 c. à thé) de sel
5 ml (1 c. à thé) d'agar-agar
125 ml (½ tasse) de vinaigre de riz

[MONTAGE]

240 g de Frère Chasseur
1 Pont Blanc

[NOTA] *Le foin est disponible au marché Jean-Talon ainsi que dans la plupart des fermes du Québec.*

PRÉPARATION

[01] Préchauffer le four à 180 °C (350 °F). Sur une plaque de cuisson, faire dorer le foin au four pendant 5 minutes.

Dans une casserole, verser la crème, puis le foin et chauffer à feu doux jusqu'à ébullition.

Retirer du feu, et laisser infuser jusqu'à ce que le mélange soit tempéré. Mettre au réfrigérateur et refroidir complètement. Passer au tamis fin. Ajouter le sucre en poudre et le sel et fouetter jusqu'à l'obtention de pics fermes. Couvrir d'une pellicule de plastique et réserver au réfrigérateur.

[02] Préchauffer le four à 180 °C (350 °F) et tapisser une plaque de cuisson de papier-parchemin.

À l'aide d'un robot culinaire, hacher finement le chou-fleur. Mélanger avec le restant des ingrédients et verser sur la plaque.

Cuire au four pendant environ 30 minutes en remuant toutes les 10 minutes jusqu'à ce que le chou-fleur soit bien doré. Réserver.

[03] Dans une casserole, verser tous les ingrédients et cuire à feu doux en remuant régulièrement jusqu'à ce que tout le liquide soit évaporé. Réserver.

[04] Dans une casserole, porter à ébullition l'eau, le sucre, le sel et l'agar-agar en remuant constamment. Retirer la casserole du feu et ajouter le vinaigre de riz. Laisser refroidir et passer au mélangeur jusqu'à consistance lisse.

[MONTAGE] Disposer deux rosettes de Frère Chasseur (environ 20 g par rosette) dans chaque assiette. Mélanger le chou-fleur rôti avec le Pont Blanc (30 g par portion) et disposer dans chaque assiette.

À l'aide d'une poche à pâtisserie, faire quelques points avec la chantilly.

Garnir avec quelques gouttes de gel fluide au vinaigre de riz. Servir.

NORMAND

LAPRISE

TOQUÉ!

Montréal

« LA MEILLEURE FAÇON DE TRAVAILLER LES PRODUITS DE QUALITÉ EST DE PIGER DANS SON PROPRE JARDIN AVANT D'ALLER VOIR AILLEURS.

Les produits locaux et la traçabilité sont importants. Si je ne sais pas d'où vient un produit, je ne l'achète pas.

J'ai passé mon enfance à la ferme. Odile cuisinait toute la journée, sept jours sur sept, à l'exception du dimanche soir. Elle retirait alors son tablier et ce repas était constitué des restants de la semaine. Nous avons été habitués à survivre à l'hiver en préparant des conserves. On se nourrissait de notre propre pêche et de l'agriculture. On pêchait l'anguille dans la rivière Ouelle et on la cuisinait. À cette époque, il y avait même du crabe des neiges dans le fleuve. Nous avons appris à être autosuffisants, à utiliser les produits de saison. J'ai commencé à travailler dans des restaurants à Québec, à 13 ans. Je savais que j'aimais la cuisine, mais je ne savais pas encore que je deviendrais chef. Quand je replonge dans mes souvenirs d'enfance, je me rends compte qu'ils ont été un facteur déterminant dans la manière dont je travaille au *Toqué!* depuis toutes ces années.

J'ai connu la fromagerie *Au Gré des Champs* à ses débuts, il y a 15 ans, par l'entremise de Pierre-Yves Chaput, un amoureux et grand génie du fromage. Ce pionnier au talent brut a fait beaucoup pour le développement des fromages fermiers au Québec. Le Gré des Champs est mon fromage préféré. J'aime sa croûte, son arôme. Ça sent les champs et ça me rappelle la ferme. »

Normand Laprise est chef copropriétaire du Toqué! *avec Christine Lamarche. Ouvert en 1995, le restaurant est aujourd'hui situé dans le quartier international à Montréal. Il propose une cuisine qui met en valeur les produits locaux à travers des menus de haute gastronomie. Il est également un centre d'apprentissage pour les jeunes cuisiniers.*

LES TROIS PETITS BOUCHONS

AUDREY DUFRESNE

CARPACCIO DE CERF ET GLACE À L'ADJUDANT

Pour 4 personnes

INGRÉDIENTS

[01 **CARPACCIO DE CERF**]

½ lb (225 g) de filet de cerf, paré

[02 **GLACE À L'ADJUDANT**]

250 ml (1 tasse) de lait
80 ml (⅓ tasse) de crème 35 %
3 jaunes d'œufs
30 ml (2 c. à soupe) de sucre
150 g d'Adjudant, sans la croûte, coupé en cubes

[03 **MAYONNAISE AU BASILIC***]

1 botte de basilic, effeuillé
2 jaunes d'œufs
5 ml (1 c. à thé) de jus de citron
2 ml (½ c. à thé) de moutarde de Dijon
180 ml (¾ tasse) d'huile végétale
Sel

[04 **TROMPETTES-DE-LA-MORT MARINÉES**]

12 trompettes, nettoyées
125 ml (½ tasse) de vinaigre balsamique blanc
125 ml (½ tasse) d'eau
2 ml (½ c. à thé) de graines de fenouil
2 ml (½ c. à thé) de graines de coriandre
2 ml (½ c. à thé) de graines de moutarde
1 pincée de sel

[**MONTAGE**]

Échalotes frites
Gelée d'épinette (du commerce)
Micro-pousses de moutarde
Fleur de sel

[**NOTA**] *La mayonnaise restante peut être conservée pendant 3 jours au réfrigérateur.*

PRÉPARATION

[01] Envelopper le filet de cerf d'une pellicule de plastique et bien serrer pour former un boudin. Réserver au congélateur jusqu'à ce qu'il soit à moitié surgelé, puis découper en tranches fines.

Répartir sur des assiettes. Couvrir d'une pellicule de plastique et réserver au réfrigérateur.

[02] Dans une casserole, chauffer le lait et la crème.

Dans un bol, fouetter les jaunes d'œufs avec le sucre jusqu'à ce que le mélange blanchisse. Ajouter un peu du mélange de lait chaud en fouettant pour tiédir, puis ajouter le restant du mélange de lait. Remettre la préparation dans la casserole et incorporer l'Adjudant.

Poursuivre la cuisson à feu doux en remuant à l'aide d'une cuillère en bois, jusqu'à ce que le mélange épaississe légèrement et nappe le dos de la cuillère.

Laisser refroidir et turbiner à l'aide d'une sorbetière.

[03] Dans une casserole d'eau bouillante salée, blanchir le basilic pendant 1 ½ minute. Refroidir à l'eau glacée, bien essorer et réserver.

Dans le récipient d'un robot culinaire, mettre le basilic, les jaunes d'œufs, le jus de citron, la moutarde de Dijon et le sel. Mettre le robot en marche et ajouter l'huile en filet afin d'émulsionner et d'obtenir une mayonnaise bien verte. Passer au tamis fin. Réserver au réfrigérateur.

[04] Dans une casserole, porter à ébullition le vinaigre, l'eau, les épices et le sel. Laisser mijoter à feu doux pendant environ 10 minutes. Passer au tamis fin et verser sur les trompettes. Laisser refroidir complètement.

[**MONTAGE**] Assaisonner le carpaccio de fleur de sel et faire quelques petits points de mayonnaise au basilic sur la viande. Garnir de quelques trompettes-de-la-mort et disperser quelques échalotes frites et un peu de gelée d'épinette.

Au moment de servir, déposer une quenelle de glace à l'Adjudant et parsemer de feuilles de moutarde.

HÔTEL HERMAN

MARC-ALEXANDRE MERCIER

ADJUDANT, POTAGE PARMENTIER, CÉLERI

Pour 4 personnes

INGRÉDIENTS

[01 POTAGE PARMENTIER]

2 poireaux, émincés
30 ml (2 c. à soupe) d'huile de canola
1 lb (450 g) de pommes de terre à chair jaune, pelées et coupées en morceaux
1 l (4 tasses) d'eau
80 ml (⅓ tasse) de crème 35 %
160 g d'Adjudant, en tranches
Sel et poivre

[02 GARNITURE]

12 micro-pommes de terre
2 branches de céleri, coupées en brunoise
20 feuilles de céleri
15 ml (1 c. à soupe) d'huile d'olive
Jus de citron, au goût
Sel et poivre

PRÉPARATION

[01] Dans une grande casserole, chauffer l'huile et y faire suer les poireaux. Ajouter les pommes de terre. Assaisonner de sel et de poivre. Ajouter l'eau et laisser mijoter jusqu'à ce que les pommes de terre soient tendres.

À l'aide d'un mélangeur, réduire en purée avec la crème. Passer au tamis fin. Rectifier l'assaisonnement.

[02] Pocher les micro-pommes de terre jusqu'à ce qu'elles soient tendres. Laisser tempérer. Mélanger avec les feuilles et la brunoise de céleri. Assaisonner de sel et de poivre.

[MONTAGE] Préchauffer le four à gril (broil).

Verser la soupe dans chaque bol, recouvrir de fromage et faire gratiner. Garnir chaque soupe avec le mélange de micro-pommes de terre.

Arroser d'un filet d'huile d'olive et de jus de citron.

LA MAISON CHEZ NOUS

DANIEL LACROIX

RAVIOLIS D'ANANAS À L'ADJUDANT, ÉMULSION À LA PART DES ANGES

Pour 4 personnes

INGRÉDIENTS

[01 RAVIOLIS D'ANANAS]

12 tranches fines d'ananas
12 tranches d'Adjudant

[02 ÉMULSION À LA PART DES ANGES]

100 ml (1 bouteille) de vin fortifié La Part des anges de l'Orpailleur
60 ml (¼ tasse) d'huile de tournesol
Sel et poivre

[MONTAGE]

Micro-verdure

PRÉPARATION

[01] Répartir les tranches d'Adjudant sur les tranches d'ananas. Replier les tranches d'ananas sur elles-mêmes pour former des demi-lunes.

Déposer les raviolis d'ananas sur une plaque de cuisson tapissée d'une feuille de papier-parchemin et réserver.

[02] Dans une casserole, faire réduire le vin fortifié de moitié et laisser refroidir complètement.

À l'aide d'un fouet, incorporer l'huile à la réduction pour émulsionner.

Assaisonner de sel et de poivre.

[MONTAGE] Préchauffer le four à 180 °C (350 °F).

Réchauffer les raviolis au four pendant 4 à 5 minutes.

Répartir les raviolis dans les assiettes, garnir de micro-verdure et napper avec l'émulsion à La Part des anges.

DANIEL

LACROIX

LA MAISON CHEZ NOUS

Granby

« Les produits régionaux connaissent un fort engouement.

Les producteurs locaux avec lesquels nous travaillons sont des gens passionnés, des artisans fiers de parler de leurs produits. Certains d'entre eux ne sont pas connus, car ils n'ont souvent ni le temps ni les ressources financières pour faire la promotion de leurs beaux et bons produits. Pourtant, nous avons accès à ces produits, comme l'ail des bois, les baies de sureau, la camerise, les pleurotes, le foie gras, etc.

J'aime tous les fromages et j'en mettrais probablement partout dans mes recettes si je ne m'arrêtais pas ! Au restaurant, je sers notamment le Péningouin en étagé, avec des tomates et des herbes fraîches. »

Daniel Lacroix est chef propriétaire de La Maison Chez Nous *depuis 2004. Ouvert en 1967, le restaurant, situé à Granby, propose une cuisine du terroir raffinée.*

LES 400 COUPS

GUILLAUME CANTIN

ADJUDANT, CERISES SURES, POMMES BLANCHES, POIREAU, CARVI SAUVAGE

Pour 4 personnes

INGRÉDIENTS

[01 ADJUDANT]

4 tranches épaisses d'Adjudant (40 g chacune)

[02 FLOCONS DE POIREAU*]

5 ml (1 c. à thé) d'huile de canola
1 blanc de poireau, coupé en deux sur la longueur et nettoyé
2 ml (½ c. à thé) d'ail
¼ brin de thym
20 ml (4 c. à thé) de beurre doux (non salé)

[03 PAIN AU CARVI DÉSHYDRATÉ]

1 pain au carvi*, coupé en deux sur la longueur et vieilli pendant 1 à 2 semaines au réfrigérateur

[04 CERISES SURES*]

15 ml (1 c. à soupe) d'huile de canola
1 petite échalote ciselée
375 ml (1 ½ tasse) de cerises griottes équeutées et dénoyautées (environ 150 g)
80 ml (⅓ tasse) de sucre (environ 70 g)
60 ml (¼ tasse) de verjus rouge*
½ brin de thym
2 baies de genièvre sauvages séchées et concassées*
Sel

[05 PURÉE DE POMMES BLANCHES]

3 pommes blanches, pelées et coupées en dés
Sucre, au goût
Beurre doux (non salé), au goût
Sel kasher, au goût

[MONTAGE]

Fleur de sel *Sels de Mer St. Laurent*
Pousses d'aneth

[NOTA] *Il est possible de faire les flocons de poireau la journée précédente. / On trouve du pain au carvi à la boulangerie Hof Kelsten à Montréal. / Les cerises sures peuvent être conservées au réfrigérateur pendant 1 semaine. / Le verjus rouge peut être substitué par du vinaigre de vin rouge. / Vous pouvez substituer les baies de genièvre sauvages par des baies de genièvre du commerce.*

PRÉPARATION

[02] Préchauffer le four à 180 °C (350 °F).

Dans une poêle en fonte, à feu vif, chauffer l'huile et y déposer le poireau, face coupée vers le bas. Cuire jusqu'à ce que la surface soit brûlée.

À l'aide de papier d'aluminium, former une papillote avec le blanc de poireau brûlé, l'ail, le thym et le beurre. Saler légèrement et cuire au four pendant environ 1 heure ou jusqu'à ce que le poireau soit très tendre.

Retirer le poireau de la papillote et bien égoutter. Effeuiller le poireau et déshydrater à 60 °C au four ou à l'aide d'un déshydrateur pendant 12 heures. Laisser tempérer.

À l'aide d'un couteau, hacher le tout pour obtenir de petits flocons. Saler au goût et réserver au sec dans un contenant hermétique.

[03] Déshydrater les tranches de pain en même temps que le poireau, pendant 12 heures. Réserver au sec dans un contenant hermétique.

[04] À l'aide d'une étamine (coton à fromage), former un sachet pour contenir le thym et les baies de genièvre. Attacher à l'aide d'une ficelle de boucher.

Dans une casserole, chauffer l'huile et y faire suer l'échalote. Ajouter le sucre, le verjus et le sachet. Porter à ébullition et laisser réduire de moitié. Ajouter les cerises et poursuivre la cuisson à feu doux pendant environ 1 heure ou jusqu'à la consistance désirée.

Retirer le sachet. Saler et laisser refroidir complètement.

Réserver au réfrigérateur.

[05] Verser les pommes dans un contenant allant au micro-onde. Ajouter le beurre et couvrir d'une pellicule de plastique. Cuire jusqu'à ce que les pommes soient très tendres (environ 10 minutes). Réduire en purée lisse. Ajouter le sucre, le beurre et le sel. Bien mélanger et passer au tamis. Réserver au froid. Lorsque la purée est froide, la verser dans une pipette.

[MONTAGE] Au moment de servir, tempérer les portions de fromage directement dans les assiettes. Tempérer les cerises et la purée de pommes blanches. Dresser tous les éléments avec le fromage et terminer avec les pousses d'aneth.

LE SAMUEL

JONATHAN LANCIAULT

FIGUES CARAMÉLISÉES AU CHALUMEAU, ADJUDANT CHAUD, SAUCE AU VIN ROUGE ÉPICÉ

Pour 4 personnes

INGRÉDIENTS

[01 SAUCE AU VIN ROUGE ÉPICÉ]

500 ml (2 tasses) de vin rouge
250 ml (1 tasse) de sucre (100 g)
1 bâton de cannelle
1 pincée de muscade fraîchement moulue
1 anis étoilé
1 coque de cardamome
1 gousse de vanille, fendue
Zeste et chair de 1 orange
45 ml (3 c. à soupe) de beurre froid, coupé en cubes

[02 FIGUES CARAMÉLISÉES]

4 figues fraîches, coupées en deux
30 ml (2 c. à soupe) de sucre

[MONTAGE]

120 g d'Adjudant, coupé en 4 morceaux
Tranches épaisses de pain de seigle, grillé

PRÉPARATION

[01] Dans une casserole, à feu doux, faire mijoter le vin avec le sucre, la cannelle, la muscade, l'anis étoilé, la cardamome, la vanille, le zeste et la chair de l'orange pendant environ 30 minutes.

Passer au tamis. Remettre dans la casserole, porter à ébullition et poursuivre la cuisson à feu moyen jusqu'à ce que la sauce soit sirupeuse.

Monter au beurre en fouettant pour l'incorporer. Réserver.

[02] Saupoudrer le côté chair des figues avec le sucre. Passer au four à gril (broil) ou au chalumeau pour caraméliser.

[MONTAGE] Préchauffer le four à 200 °C (400 °F).

Tapisser une plaque de cuisson de papier-parchemin et y déposer les morceaux de fromage. Cuire au four pendant environ 2 minutes pour les faire fondre légèrement.

Servir avec la sauce, les figues et du pain de seigle chaud.

JONATHAN

LANCIAULT

LE SAMUEL

Saint-Jean-sur-Richelieu

«J'AI ÉTÉ ÉLEVÉ À LA CAMPAGNE, DANS LE RESPECT DES ARTISANS DE LA TERRE. AINSI, JE RECHERCHE INSTINCTIVEMENT LA QUALITÉ DES PRODUITS.

Depuis environ 4 ans, je travaille les fromages de la fromagerie *Au Gré des Champs*. J'adore le D'Iberville, sa croûte aux arômes d'herbes et sa pâte crémeuse. J'aime également le petit dernier de la fromagerie, l'Adjudant, dont la croûte fleurie et la pâte molle le font ressembler à un camembert fermier.

Selon moi, un plateau de fromages doit mettre en valeur l'ingrédient principal, à savoir le fromage. Je le présente tout simplement avec quelques noix et fruits frais, selon les saisons.»

Jonathan Lanciault est chef au Samuel. *Le restaurant, ouvert en 2010, propose une cuisine gastronomique d'inspiration française et méditerranéenne à base de produits locaux et de saison.*

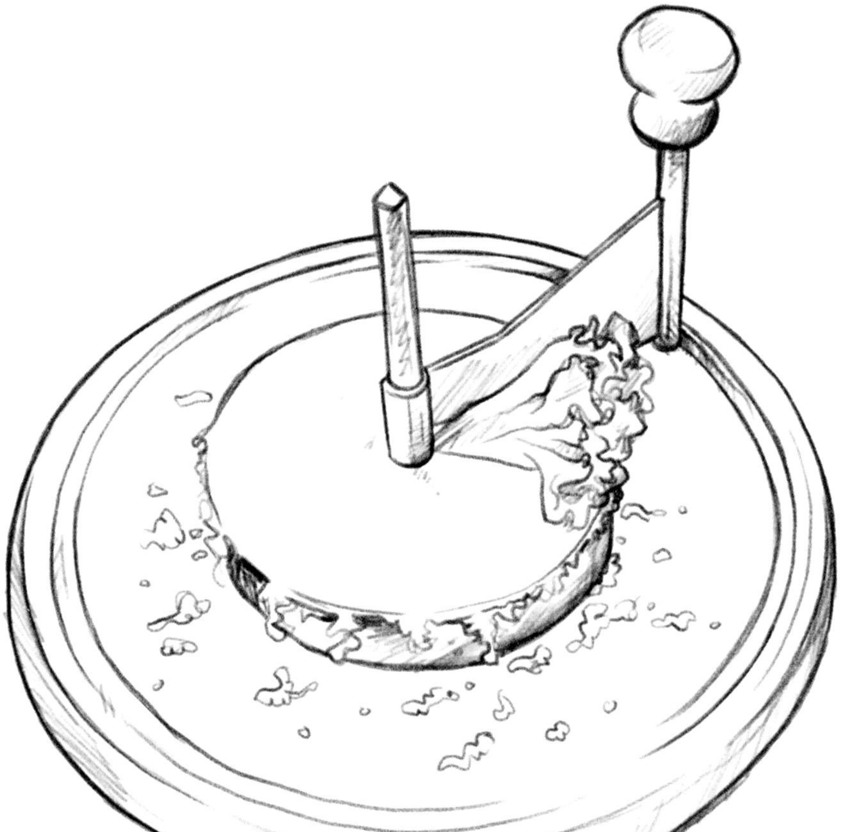

DÉCOUPER, SERVIR, ACCOMPAGNER ET CONSERVER LES FROMAGES

[08]

Les fromages offrent l'ensemble de leurs saveurs lorsqu'ils sont servis chambrés, c'est-à-dire à la température ambiante. Pour ce faire, il convient de les sortir du réfrigérateur et de les déballer environ 45 minutes avant le service. Lors d'une première dégustation, il faut d'abord sentir le fromage, puis goûter sa pâte et ensuite sa croûte. Ainsi, il est possible de découvrir l'éventail des saveurs du produit.

Il n'est pas recommandé de retirer la croûte d'un fromage puisque celle-ci agit comme une couche protectrice qui conserve l'arôme de la pâte. De plus, elle ajoute au plaisir des yeux et est comestible dans la plupart des cas. Une fois convenablement emballés, les fromages peuvent être placés dans un contenant hermétique, à l'abri des chocs et des pressions, ainsi que de l'odeur des autres aliments ou des autres fromages. Il est possible de regrouper plusieurs fromages dans un même contenant à condition qu'ils soient du même type.

Le fromage se garde bien au réfrigérateur s'il est maintenu dans un environnement frais et humide, entre 2 et 4 °C selon le type de fromage. Le mieux est de le conserver dans le compartiment à légumes.

Un fromage se consomme tant que vous le trouvez bon. Généralement, les pâtes fermes, comme elles contiennent moins d'humidité, se gardent beaucoup plus longtemps que les pâtes molles.

JASON NELSONS

OATCAKES

Pour 4 à 6 personnes

INGRÉDIENTS

560 ml (2 ¼ tasses) de farine tout usage (225 g)
500 ml (2 tasses) d'avoine (200 g)
45 ml (3 c. à soupe) de sucre
1 ml (¼ c. à thé) de bicarbonate de soude
1 pincée de sel
180 ml (¾ tasse) de beurre (200 g)
1 œuf
80 ml (⅓ tasse) d'eau chaude

1 Pont Blanc ou Péningouin

[**NOTA**] *Conserver dans un contenant hermétique. Les biscuits se conservent au sec pendant une semaine.*

PRÉPARATION

Préchauffer le four à 190 °C (375 °F).

Dans un grand bol, mélanger la farine, l'avoine, le sucre, le bicarbonate de soude et le sel. Incorporer le beurre du bout des doigts jusqu'à formation de grumeaux.

Incorporer l'œuf, puis l'eau chaude et remuer tout juste pour former une boule.

À l'aide d'un rouleau à pâtisserie, abaisser à une épaisseur de ¼ po (0,65 cm) sur une surface enfarinée. À l'aide d'un emporte-pièce de 2 po (5 cm) de diamètre, découper des cercles. Déposer sur une plaque de cuisson tapissée d'une feuille de papier-parchemin.

Faire cuire pendant environ 12 minutes ou jusqu'à ce qu'ils soient légèrement dorés. Pour une texture plus croustillante, cuire à 160 °C (325 °F) pendant environ 20 minutes.

Retirer du four et laisser refroidir sur une grille.

Servir avec le Péningouin ou le Pont Blanc.

GELÉE DE GROSEILLES

Pour 1 litre (4 tasses) environ

FRANÇOISE LÉTOURNEAU
Notre grand-mère

INGRÉDIENTS

2 l (8 tasses) de groseilles* avec les tiges, lavées (environ 2 kg)
Environ 1 l (4 tasses) de sucre (environ 400 g)
Eau

[NOTA] *Vous pouvez remplacer les groseilles par des gadelles.*

PRÉPARATION

Dans une grande casserole, couvrir les fruits d'eau.

Porter à ébullition et poursuivre la cuisson pendant 20 minutes.

Écraser les fruits pour extraire le jus. Laisser égoutter dans une étamine (coton à fromage). Retirer la pulpe.

Mesurer le jus – vous obtiendrez environ 1 l (4 tasses) – et verser dans une casserole. Ajouter la même quantité de sucre.
Porter à ébullition et poursuivre la cuisson pendant 20 minutes à feu moyen.

Retirer l'écume à la surface et mettre en pots.

COMPOTÉE DE FRUITS SÉCHÉS

Pour 1 litre (4 tasses) environ

JOHANNE DEPELTEAU

INGRÉDIENTS

750 ml (3 tasses) de fruits séchés (canneberges, figues, pruneaux, abricots, pommes, poires, etc.) (environ 400 g)
250 ml (1 tasse) de jus d'orange
60 ml (¼ tasse) de sirop d'érable

[**NOTA**] *Vous pouvez y ajouter des noix telles que des pistaches ou des noisettes.*

PRÉPARATION

Dans une casserole, porter tous les ingrédients à ébullition. Poursuivre la cuisson à feu moyen en remuant jusqu'à ce que le liquide soit presque évaporé et les fruits tendres.

MERCI À

Nos parents ;

Notre éditeur, pour avoir cru à notre projet dès le début et nous avoir appuyées dans tout le processus ;

Tous les chefs, pour leur participation et le temps qu'ils ont consacré à la création de ces délicieuses recettes ;

Lucas Bayzelon, pour son encouragement, ses précieuses observations et sa retouche des photographies ;

Antoine Carbonneau, pour son soutien et le montage de notre vidéo ;

La céramiste Agathe Palavioux, pour nous avoir donné accès à sa grosse boîte pleine de trésors fabriqués dans l'atelier de Pascale Girardin ;

La Galerie Noel Guyomarc'h, pour nous avoir prêté les magnifiques pièces de Ceramik B. ;

Yves Mondoux, pour avoir mis à notre disposition sa merveilleuse maison pour faire nos photos et pour son aide en cuisine ;

Sylvie Demers et Jean-Guy Bouchard, pour nous avoir laissées emprunter leur minivan pour le transport de notre matériel ;

Caroline Simon, pour nous avoir permis de fouiller dans sa fabuleuse collection d'accessoires ;

Enfin, un grand merci à Vincent Yelle, Don Loga, Martin Flamand, Rodolphe Beaulieu et Gabriel Carbonneau.

Marie-Pier et Virginie Gosselin

ACHEVÉ D'IMPRIMER SUR LES PRESSES DE FRIESENS
MANITOBA, CANADA
QUATRIÈME TRIMESTRE 2015

MIXTE
Papier issu de sources responsables
FSC® C016245
FSC
www.fsc.org